Birgit Trappmann-Korr

Perlen der Stille

Birgit Trappmann-Korr

Perlen der Stille

• •

**Die innere Mitte wiederfinden
mit der Silencer®-Methode**

VAK Verlags GmbH
Kirchzarten bei Freiburg

Bibliografische Information der Deutschen Nationalbibliothek
Die Deutsche Nationalbibliothek verzeichnet diese Publikation in der Deutschen Nationalbibliografie; detaillierte bibliografische Daten sind im Internet über http://dnb.d-nb.de abrufbar.

VAK Verlags GmbH
Eschbachstraße 5
79199 Kirchzarten
Deutschland
Das komplette Verlagsprogramm finden Sie im Internet unter:
www.vakverlag.de

© VAK Verlags GmbH, Kirchzarten bei Freiburg 2014
Lektorat: Nadine Britsch, VAK
Umschlaggestaltung: Sabine Fuchs, Fuchs_Design, München
Layout: Karl-Heinz Mundinger, VAK
Satz: Goar Engeländer (www.dametec.de)
Druck und Bindung: Mediaprint, Paderborn
Printed in Germany
ISBN: 978-3-86731-149-6

Inhaltsverzeichnis

Vorwort 9

Die Silencer®-Methode

Entwicklung und wissenschaftliche Fundierung 15
Über die Perlen der Stille 18
Über die innere Mitte 24

Psychoedukation 27
So kann der Schein trügen 28
Der Zitronen-Test 31
Neue Gedanken – neues Gehirn? 32
Die grauen Zellen auf dem Prüfstand 34
Herrje, wir sind alle süchtig 36
Von positiven Sätzen und bunten Elefanten 38
Das Resonanzprinzip 39
Die Intelligenz des Herzens 43

Die Silencer®-Kette 45
So stellen Sie Ihre eigene Kette her 45

Anwendungsbereiche

Anwendungsbereiche 51
Seelisches 51
Körperliches 61
Zwischenmenschliches 69
Individuelles 71
Situationsbedingtes 76
Persönliche Entwicklung 78

Praktische Übungen

Übungen 89

Übung 1: Rettungsanker Aufmerksamkeit 89

Übung 2: Erste Schritte 92

Übung 3: Grundübung 92

Übung 4: Für Fortgeschrittene 95

Übung 5: Mit beiden Händen trainieren 96

Übung 6: Aufmerksamkeit teilen 97

Übung 7: Stärkung der Stressresilienz 99

Übung 8: Stressresilienz 101

Übung 9: Akute Stresssituationen 102

Übung 10: Mit HerzIntelligenz® gegen den Stress 103

Übung 11: Kleine Auszeit 104

Übung 12: Vorbeugen – die halbe Miete! 105

Übung 13: Mit 3:1 durch den Tag 107

Übung 14: Wenn es brennt! 109

Übung 15: Gefühle verarbeiten 111

Übung 16: Du nervst mich! 113

Übung 17: Geduld ... aber sofort! 115

Übung 18: Ich traue mich 117

Übung 19: Das Selbstbewusstsein stärken 118

Übung 20: Mit dem Selbstbewusstsein auf Talfahrt! 120

Übung 21: Balance halten 122

Übung 22: Achtsamkeitsübung 123

Übung 23: Das Geschwindigkeitsbarometer 124

Übung 24: Mit Achtsamkeit in die Innenwelt 125

Übung 25: Zitate-Übung 126

Übung 26: Die 21-Tage-Übung 128

Übung 27: Mit Gefühlen reden 130

Übung 28: Affirmationen 131

Liebevolle Geist? Übung 29: Grundübung mit der Metta-Meditation 133

Übung 30: Die Sekunden-Meditation 138

Übung 31: Silencer®-Meditation ...*Mala*........... 139

Übung 32: Visualisierungsmeditation *Lichtkugel* .. 140

Übung 33: Meditation des Bittens 141

Übung 34: Frag-fünf-Mal-Übung *Ursache ebene* . 143

Übung 35: SUD-Test *Stress-Skala*................ 144

Übung 36: Sucht 145

Übung 37: 10 Gebote der Gelassenheit 146

Übung 38: Muskelentspannung *Jacobsen*........... 148

Übung 39: Das Leben ist bunt 149

Übung 40: Sinn-Finden 151

Über die Autorin 155

Literatur 156

Nützliche Adressen 158

Für meine Mutter Elfriede

Vorwort

● ●

In der Ruhe liegt die Kraft.
KONFUZIUS

Können Sie sich vorstellen …

– dass Sie eine unendliche Energie in sich tragen, mithilfe derer Sie alles, was Sie sich wünschen, auch erreichen können?

– dass Sie Gesundheit, Ausgeglichenheit, Gelassenheit, Lebensfreude, Motivation, Glück, Wohlbefinden, Souveränität, Selbstbewusstsein und Resilienz (Widerstandsfähigkeit) durch eine Kraft erhalten, die seit Ihrer Geburt in Ihnen angelegt ist?

– dass Sie Ihre innere Mitte nur aktivieren und gewissermaßen „in Gang" bringen müssen, um mit sich und der Umwelt in Harmonie und im Einklang zu leben?

Sie können sich das vorstellen? Dann denken Sie jetzt vielleicht auch, dass die bloße Vorstellung zwar ganz nett und Papier auch geduldig ist, aber wie sieht es mit der Realität aus? Gibt es so etwas wirklich, und wenn ja, wie funktioniert das? Und wenn es so etwas gibt, warum haben Sie nicht schon längst davon gehört? Vielleicht fragen Sie sich auch, ob die Silencer-Methode überhaupt für Sie geeignet ist? Das alles kann ich gut verstehen und ich werde mich im Folgenden bemühen, Ihre Fragen zu beantworten. Falls Sie noch weitere Fragen haben, finden Sie am Ende dieses Buches ein Literaturverzeichnis mit weitergehenden Informationen. Dort sind auch nützliche Adressen und meine Kontaktmöglichkeiten aufgelistet, falls Sie daran interessiert sind. Grundsätzlich kann ich Ihnen jedoch schon einmal verraten, dass die Silencer-Methode für mich die wirkungsvollste und einfachste Art und Weise ist, Menschen in Richtung Glück, Gesundheit und Wohlbefinden zu begleiten, und auch Sie werden ganz sicher davon profitieren. Das Silencer-Training ist für jeden Menschen jeglichen Alters gedacht und kann prinzipiell täglich und auch jederzeit angewendet werden. Die Handhabung ist ganz einfach und relativ unabhängig davon, ob Sie konkrete körperlichen Beschwerden und seelischen Belastungen haben oder nicht. Die Übungen helfen Ihnen, in Ihrer inneren Mitte zu bleiben, und das sorgt für Widerstandsfähigkeit und Wohlbefinden.

Im Fall von konkreten Beschwerden, wie Stress, Krankheiten, AD(H)S, Reizüberflutung, Abhängigkeiten, Hochsensibilität und Nervosität, aber auch bei Krebs und psychischen Problemen, helfen die Silencer-Übungen durch die Kombination mit wissenschaftlich anerkannten Methoden. Für jedes Beschwerdebild gibt es gezielte Übungen, die ohne Vorkenntnisse durchgeführt werden können. Schauen Sie einfach in das Inhaltsverzeichnis, dann werden Sie das Gesuchte sicherlich schnell finden. Als Autorin dieses Buches und als Entwicklerin einer neuen Methode war es mir sehr wichtig, schon in der Namensgebung herauszustellen, worum es geht – und das war in diesem Fall recht einfach: Es geht um Ruhe bzw. Stille, und der englische Begriff dafür ist *Silence*. Entsprechend heißen die „Perlen der Stille" *Silencer* und das bedeutet in der Übersetzung in etwa „Ruhe-Macher". Das dies immens wichtig für uns Menschen ist, war für Konfuzius schon vor mehr als 2000 Jahren eine Selbstverständlichkeit, denn ihm war klar, dass in der Ruhe die Kraft liegt. Es ist an sich kaum zu glauben, dass erst jetzt, Jahrtausende später, sich mithilfe der modernen Wissenschaft erklären lässt, warum die Stille eine unendliche Energie in sich trägt und wie wir diese Energie für uns nutzen können. Die Silencer-Methode verknüpft daher altes Wissen mit neuesten wissenschaftlichen Erkenntnissen aus der Neurologie und Psychologie, und das ist in der heutigen Zeit wichtiger denn je.

Wir leben in einer Gesellschaft der Reizüberflutung, Globalisierung und Schnelllebigkeit. Unsere Traditionen und Werte verändern sich oder gehen verloren und damit auch der rote Faden, an den wir uns im Leben halten können. Schon jetzt ist ein besorgniserregender Anstieg psychischer Diagnosen zu verzeichnen und unsere Gesellschaft scheint zunehmend ausgebrannt, gestresst, deprimiert und erschöpft zu sein. Das macht auch vor unseren Kindern nicht Halt, denn Stress, psychosomatische Beschwerden, depressive Verstimmungen, AD(H)S und Essstörungen sind nur die sichtbare Spitze eines Eisberges, der schon längst mitten unter uns treibt. Wie bei einem Eisberg liegt die eigentliche Gefahr jedoch nicht an der Oberfläche, sondern viel tiefer, und es ist an der Zeit, uns Dingen zuzuwenden, die auf den ersten Blick nicht sichtbar sind. Ich spreche von geistigen Dingen und von etwas, was uns die Ruhe zurückbringt, damit wir in unsere innere Mitte kommen. Ich spreche auch davon, dass wir die Möglichkeiten, die sich hinter dieser Sichtweise verbergen, erst jetzt beginnen zu nutzen. Ich erlebe in meiner Praxis immer wieder, was es für die Menschen bedeutet, wieder in die Kraft zu kommen, Lebensfreude zu spüren und das eigene Potenzial zu entfalten. Ich möchte Sie auf diesem Weg einladen, mit mir gemeinsam die Silencer-Methode zu entdecken. Sie werden nach kürzester Zeit feststellen, wie gut Ihnen die Übungen tun, und Sie werden ganz schnell herausfinden, wie Sie in Ihre innere Mitte kommen, um den täglichen Herausforderungen souverän und mit Freude entgegenzutreten.

Ich wünsche Ihnen Gesundheit und ein langes, erfülltes Leben!

Ihre

Birgit Trappmann-Korr

Orsoyerberg, 2014

Die Silencer®-Methode

Entwicklung und wissenschaftliche Fundierung

• •

Die Neugier steht immer an erster Stelle des Problems,
das gelöst werden will.
GALILEO GALILEI

Die Entwicklung der Silencer-Methode begann ganz unspektakulär und beiläufig, denn ich hatte gar nicht vor, etwas Neues zu erfinden. Dementsprechend hatte ich auch keine Ahnung, was mich noch erwarten sollte. Alles begann damit, dass ich mich vor Jahren mit östlichen Philosophien beschäftigte. Ich recherchierte im Rahmen meiner Arbeit und stieß, eher zufällig, auf Gebetsketten, die im Hinduismus und Buddhismus Mala[1] genannt werden. Das erregte meine Aufmerksamkeit, und als mir allmählich klar wurde, dass auch andere religiöse Traditionen eine Kette für das Gebet benutzen, wie die Misbaha[2] im Islam, das Komboloi[3] in Griechenland, ein Komboskini[4] in der orthodoxen Kirche oder der Rosenkranz[5] im Christentum, war

• •

1. Eine Mala hat in der Regel 108 Perlen, die die Bände der gesammelten Lehren Buddhas verkörpern. Man sieht dieses Perlenband z. B. oftmals am Handgelenk des Dalai Lama.

2. Die Misbaha hat üblicherweise 99 Perlen, die beweglich an einer Schnur aufgereiht sind und in drei Sektionen zu je 33 Perlen aufgeteilt werden.

3. Das Komboloi ist ein kleines Kettchen aus Perlen, das einen persönlichen Gegenstand der Herrenausstattung darstellt. Es dient als Fingerspiel, Zeitvertreib und Meditationshilfe.

4. Ein Komboskini oder Tschotki ist eine geschlossene Gebetsschnur ohne Perlen. Üblicherweise hat ein Komboskini 100 Knoten, es gibt aber auch Formen mit 25, 30, 33 oder 500 Knoten.

5. Der Rosenkranz hat normalerweise 59 Perlen. Am Kranz ist üblicherweise ein Kreuz mit drei kleinen Perlen befestigt, welche von zwei großen Perlen gerahmt sind. Darauf folgen auf dem Kranz fünfmal zehn kleinere Kugeln und eine davon abgesetzte große Perle.

meine Neugier geweckt. Ich fing an, mich intensiver damit zu beschäftigen.

So wie es aussah, wussten die Menschen in allen großen Kulturen um die Bedeutung von Übungen, die mit Perlenbändern ausgeführt wurden, und das hatte sich unabhängig voneinander entwickelt. Diese unabhängige Entwicklung bestärkte mich in der Auffassung, dass es sich hierbei tatsächlich um etwas Besonderes handelte! Warum hatte sich sonst in verschiedenen Kulturen Ähnliches entwickelt? Was wussten die Menschen damals, was wir heute nicht mehr wissen?

Meine Neugier war geweckt und nun wollte die Wissenschaftlerin in mir wissen, was genau da wirkt und wie das funktioniert. Da das *Warum* die Mutter aller Forschung ist, stellte auch ich mir viele Fragen, so zum Beispiel:

— Warum wurde dieses alte Wissen nicht weiterentwickelt?

— Warum sind geistige Übungen mit Perlenbändern so fest mit religiösen Traditionen verknüpft?

— Warum weiß die Psychologie nichts davon – oder kann man es doch psychologisch erklären?

— Lässt sich dieses Prinzip nach neuesten neurologischen Erkenntnissen weiterentwickeln und jenseits aller Religionen auf körperliche und seelische Belastungen übertragen?

— Lassen sich Erkenntnisse und Prinzipien aus der Quantenphysik einflechten und damit verbinden?

Mit diesen Fragen im Gepäck machte ich mich auf, etwas zu entdecken, was meine Ansichten und meine Arbeitsweise wirklich revolutionieren sollte. Als ich ahnte, welcher Sache ich auf die Spur gekommen war, setzte ich mich an den Schreibtisch und überlegte, welchen theoretischen Unterbau ich den „Perlen der Stille" geben konnte. Meine Methode sollte auf einem soliden Fundament stehen. Hierzu bediente ich mir verschiedener wissenschaftlicher Erkenntnisse und verknüpfte diese mit den langjährigen Erfahrungen aus meiner psychologischen Praxis. Am Ende stellten sich drei Bausteine bzw. Säulen als wesentlich heraus, um eine ganz *andere* Art von

Übungsprogramm zu entwickeln. Diese Bausteine bestehen im Einzelnen aus:

– Perlenkette (aus Natursteinen)
– Psychoedukation
– Praktische Übungen und Anleitungen

Die Wirkweise dieser Bausteine vollzieht sich auf verschiedenen Ebenen, die ich in der Hauptsache folgenden Kategorien zuordnen möchte:

– *Energetisch* (Stimulation der Hand, durch die nach den Lehren der TCM – Traditionelle Chinesische Medizin – viele Meridiane verlaufen; ggf. energetische Wirkung durch die Verwendung von Natursteinen)

– *Biochemisch* (Veränderung von Neuromodulatoren und Neurotransmittern, die zu einer Veränderung des emotionalen Erlebens führen)

– *Neurologisch* (Durch das Lösen alter Verbindungen der Synapsen im Gehirn und die Bildung neuer Verbindungen; neuronale Netze werden reorganisiert und umgebildet)

– *Psychisch* (Durch Stressreduktion entsteht eine positive Wirkung auf das vegetative Nervensystem)

Weiterhin habe ich mich bei der Entwicklung der Silencer-Methode an den Qualitätskriterien für salutogenetische Arbeit orientiert, d. h. der Fokus der Übungen liegt auf Gesundheit und nicht auf Krankheit. Es geht also um die Stärkung der gesunden Anteile im Menschen und das wird anhand folgender Merkmale ausgerichtet:

– Stimmigkeit, aufbauende Kohärenz, Orientierung an Verbundenheit

– Ausrichtung auf Gesundheit (attraktive Ziele, Vorstellungen)

– Ressourcenorientierung

– Wertschätzende Haltung gegenüber der Selbstwahrnehmung, subjektiver Theorien und Eigenaktivität usw.

- Aufmerksamkeit für systemische Selbstorganisation und -regulation (auch Selbstheilungsvermögen); individuell, sozial, kulturell und global

- Dynamisches, prozess- und lösungsorientiertes Denken; Achtsamkeit auf Entwicklung und Evolution

- Akzeptanz mehrerer Möglichkeiten (salutogenetischer Fokus, pathogenetische Ergänzung)

Über die *Perlen der Stille*

Die Silencer-Methode besteht aus drei Bausteinen:

1. Perlenkette (aus Natursteinen)

2. Psychoedukation

3. Praktische Übungen und Anleitungen

- In diesem Kapitel geht es um den 1. Baustein, die *Perlen der Stille*. Später folgt mit der Psychoedukation der 2. Baustein, und der letzte Teil dieses Buches besteht aus dem 3. Baustein, den praktischen Übungen und Anleitungen.

- In der Einleitung dieses Buches schrieb ich, dass ich mich bemühen werde, Ihre Fragen zu beantworten. Vielleicht fragen Sie sich also, welchen Sinn es hat, Perlenbänder mit geistigen Übungen zu verknüpfen und welche Vorteile dadurch entstehen. Das liegt zunächst in der Silencer-Methode selbst begründet, deren Kern in der Arbeit mit unseren Gedanken und Gefühlen besteht. Diesen inneren Prozess können Sie weder sehen noch anfassen. Nun ist der Mensch jedoch ein Skeptiker – er glaubt oftmals nur, was er sieht. Wenn wir also etwas *tun*, dann bewirken wir auch etwas. Wir können es sehen und überprüfen.

- Ganz anders verhält es sich jedoch mit der geistigen Welt: Was der Mensch nicht sieht, scheint auch nicht zu existieren (zumindest auf den ersten Blick). Das gilt besonders für unsere westliche

Kultur, wo es um „Fakten, Fakten, Fakten" geht, wie der Werbespot einer bekannten Zeitschrift suggeriert. Lassen Sie uns also festhalten, dass wir den materiellen Dingen näher stehen als den geistigen, und dass wir den sichtbaren Dingen einen hohen Wirkungsgrad zuschreiben, den unsichtbaren jedoch nicht.

Diese Überzeugungen, die in uns allen verankert sind, stellen jedoch einen Trugschluss dar, wie wir noch sehen werden. Die Welt der Gedanken und Gefühle hat weitaus mehr Macht und Einfluss, als wir ihr zutrauen und zugestehen möchten. Wir nutzen dieses Energiepotenzial jedoch meist gar nicht oder nur zu einem ganz geringen Teil. Es liegt brach. Wir haben nie gelernt, diese Energien „in die Hand" zu nehmen und zu steuern, ganz im Gegenteil. Wir leiden nämlich nicht selten darunter, dass uns diese ungesteuerte Kraft aus der inneren Mitte reißt, ohne eine Ahnung davon zu haben, dass wir auch gegensteuern können – und zwar, indem wir das Unsichtbare „in die Hand" nehmen. Vermutlich ahnen Sie bereits, warum etwas Gegenständliches uns dabei hilft: Geistige Übungen mit Perlenbändern sind deshalb so effektiv, weil wir etwas in der Hand halten.

> Geistige Übungen mit Perlenbändern sind deshalb so effektiv, weil wir dabei etwas in der Hand halten.

Auch wenn es vielleicht banal klingt: Die Perlen verbinden die innere Welt der Gedanken und Gefühle mit der äußeren Welt unserer gewohnten Wirklichkeit. Wenn wir innerlich etwas tun, können wir es im Außen ablesen und überprüfen, wir machen Unsichtbares sichtbar. Das zeigt uns, dass hier etwas wirkt, und das motiviert uns, weiterzumachen.

Warum sollen wir nun ein Perlenband für unsere Übungen nehmen? Der Grund ist die Elastizität des Fadens: So kann der Silencer – doppelt genommen – als Armband getragen werden und erinnert uns jederzeit an unsere Gedanken und Gefühle.

> Perlenbänder sind deshalb von Vorteil, weil wir sie als Armband tragen können.

Wir werden also über den Tag verteilt immer wieder darauf aufmerksam gemacht, unsere Übungen durchzuführen. Mit der Zeit gewöhnen wir uns dann daran, auf unsere innere Mitte zu achten und bei Bedarf gegenzusteuern. Die sichtbare Erinnerung durch einen Gegenstand ist von enormer Bedeutung für den Menschen. Ein weiterer Vorteil liegt darin, dass wir mit unseren Übungen sehr schnell (und dezent) reagieren können, wenn es nötig ist.

Weiterhin spricht für ein Perlenband der Umstand, dass die einzelnen Perlen als Zeit- und Rechenmaß zu verstehen sind. Schon vor mehr als 3000 Jahren nahm man Holz- oder Glasperlen zum Bau einfacher Rechenmaschinen, weil sich dadurch klare Abgrenzungen ergeben und die runde Form angenehm für unser Tastempfinden ist.

Perlen lassen sich gut abzählen und ermöglichen uns viele Kombinationen. Gleichzeitig sind sie ein gutes Maß für eine Zeitspanne und helfen uns dabei, uns zu orientieren, indem wir klare Zielvorstellungen entwickeln können. Beispielsweise können wir uns vornehmen, dreimal täglich jeweils sechs Durchgänge mit der Kette zu üben.

> Perlen lassen sich gut abzählen und helfen uns bei der Festlegung der Zeitspanne.

Ein weiteres Argument für die *Perlen der Stille* richtet sich an unseren (üblicherweise) untrainierten Geist und die Tatsache, dass er es nicht „gewohnt" ist, wenn wir ihm Vorschriften machen. Natürlich wehrt sich unser Verstand gegen eine Veränderung der „gewohnten Abläufe" und versucht, uns immer wieder aus der neugewonnenen inneren Mitte zu reißen. Besonders zu Anfang ist es also sehr hilfreich, unsere geistigen Bemühungen an eine motorische Handlung zu koppeln.

> Perlen koppeln eine geistige an eine motorische Handlung und verhindern so ein gedankliches Abschweifen.

Indem die Perlen durch unsere Finger gleiten, helfen wir unseren Gedanken und Gefühlen dabei, bei der Stange zu bleiben und nicht abzuschweifen. Gleichzeitig festigen und stärken wir diese Verbindung, denn Nervenzellen, die gemeinsam feuern, verschalten sich. Auch die Lerntheorie bestätigt, dass sich zwei verschiedene Dinge gut koppeln lassen und wir binden nicht nur eine geistige Handlung an eine körperliche, sondern auch umgekehrt!

Zum Schluss komme ich noch auf eine Eigenart der Silencer-Kette zu sprechen, die Sie übernehmen können, aber nicht müssen. Für die Wirksamkeit der hier dargestellten Übungen spielt es keine Rolle, ob die *Perlen der Stille* aus echten Natursteinen bestehen oder nicht! Wenn Sie sich aber für eine Natursteinkette entscheiden, möchte ich die Wirkung der Heilsteine kurz ansprechen.

Nicht erst seit dem Mittelalter werden natürlichen Edelsteinen heilende Wirkungen zugeschrieben und man geht davon aus, dass Heilsteine über mehrere Faktoren bzw. Eigenschaften wirken. Über ihre:

— Farbe
— Form
— Energie
— Mineralische Zusammensetzung

Die Wirkungen von Edelsteinen ist zwar weder wissenschaftlich noch medizinisch nachgewiesen oder anerkannt, aber die Psychologie der Wirkung von Farben ist belegt und diese Erkenntnisse werden sogar im therapeutischen Bereich eingesetzt. Farben sind Lichtreize eines bestimmten Spektrums und wenn diese auf unser Auge treffen, dann hat das außer der einfachen Sinnesempfindung (wie Rot oder Blau) bestimmte komplexe psychische Wirkungen im zentralen Nervensystem. Farben erzeugen eine emotionale Welt im Kopf, sie wirken auf unser Unterbewusstsein und lenken unser Verhalten.

Die Farbe Rot steht z. B. für Gefühle und starke Erregung. Ob Liebe oder Wut, Stärke oder Hass, all diese unvereinbar erscheinenden Gegensätze werden durch Rot charakterisiert. Rot bedeutet Aktivität, Wärme, Leben, Blut, Verletzung, aber auch Gefahr, denn Rot ist eine sogenannte Signalfarbe. Wir Menschen reagieren ganz besonders stark und automatisch auf Rot. Wird Rot mit Schwarz gemischt, dann gewinnt das Rot, das für sich genommen schon ziemlich aggressiv ist, durch das Schwarz noch dazu. Es wird noch mächtiger, aggressiver, stärker, männlicher, aber auch eleganter und exklusiver. In Kombination mit Weiß verliert Rot jedoch seine gesamte Kraft und wird zu Rosa. Es verändert seinen Vorstellungsgehalt komplett und symbolisiert nun das Sanfte und Schwache. Rosa- und Rottöne wirken depressionshindernd, vor allem in Kombination mit Grün- und Brauntönen.

Blau strahlt Ruhe und Vertiefung, aber auch Sehnsucht aus. Himmel und Wasser schimmern blau und unser ganzer Planet scheint, aus dem Weltall betrachtet, blau zu sein. Blau ist die Farbe der Entspannung, der Ruhe, der Zurückgezogenheit, aber auch der Kälte und Erstarrung. Blau symbolisiert Distanz, denn im Vergleich zu anderen Farben wirkt Blau immer am weitesten entfernt. Blau ist eine kalte, kühle Farbe und steht in unserem Kulturkreis für Männlichkeit: Jungen tragen Blau, Mädchen tragen Rosa. Blau ist aber auch die Farbe der Sicherheit, deshalb umgeben sich Versicherungen sehr gerne mit Blau.

> Natursteinperlen werden heilende Wirkungen zugeschrieben.

Grün wiederum ist die Farbe der Natur und des Lebens. Man hat festgestellt, dass beispielsweise zartgrün ausgemalte Decken in Krankenhäusern dazu führen, dass Patienten schneller gesund werden. Grün ist die Farbe des Beginns, des Wachstums und der Jugend. Grün ist eine statische Farbe. Als Komplementärfarbe zum aktiven Rot ist Grün eher passiv. Grün strahlt Ruhe, Festigkeit und Frieden aus. Die Farbe Grün steht heute für Umweltschutz und damit für die Erhaltung des Lebens und der zukünftigen Lebensmöglichkeiten. Grün signalisiert auf der anderen Seite aber auch das Giftige (Giftgrün) und das Unreife (Sprichwort: „Grün hinter den Ohren"). Mit einem hohen Anteil von Gelb wirkt Grün sauer, auch saure Zitronenlimonade hat eine gelbgrüne Farbe. Im Französischen bedeutet daher „Ich bin sauer (im Sinne von ärgerlich)" in der Übersetzung „Ich bin grün" (Je suis vert).

Gelb ist eine der vier Grundfarben und die hellste der bunten Farben. Gelb wirkt strahlend und anregend. Es besitzt grundsätzlich eine heitere, sanft anregende Eigenschaft und vermittelt eine warme, behagliche Atmosphäre, je nachdem wie intensiv der gelbe Farbton ist. Im Gegensatz zu Grün vermittelt Gelb jedoch nie ein Gefühl der Ruhe, sondern immer der Veränderung, der Unruhe, der Entfaltung. Gelb ist eine warme und dynamische Farbe, abhängig davon, wie hoch der Rotanteil (Goldgelb) bzw. der Grünanteil (Zitronengelb) ist. Ist der Grünanteil hoch, lässt die Farbe an die Eigenschaften von Zitrusfrüchten denken. Dann vermittelt sie neben den genannten sauren Eigenschaften aber auch Frische, Schwung und Lebenskraft. Enthält Gelb einen hohen Rotanteil, tendiert es zu Orange und steht für Sonne, Getreide und Gold, was ein angenehmes, sattes, ruhiges Gefühl auslöst. Da die Farbe Gelb eine optimale Fernwirkung mit einer aufdringlichen Nahwirkung kombiniert, wurde Gelb zur internationalen Warnfarbe. Sie steht, in Verbindung mit Schwarz, für giftige, leicht entflammbare, explosive oder radioaktive Stoffe.

Neben den genannten farbpsychologischen Komponenten wirken Heilsteine auch durch ihre Form. Diese ist in der Regel rund und glatt. Bei Berührung mit der Oberfläche wird ein angenehmes Gefühl ausgelöst. Weiterhin verändert sich die Temperatur der Steine, wenn man sie auf der Haut trägt oder in der Hand hält. Die Wärme wird ebenfalls als wohltuend empfunden. Heilsteine fühlen sich angenehm an und ganz passend werden daher auch artverwandte Gegenstände als Handschmeichler bezeichnet. Sie wirken entspannend und verbreiten ein angenehmes (schmeichelndes) Gefühl.

Neben den genannten Anwendungen und Wirkungen zählen Natursteine im Allgemeinen zu den energetischen Methoden der Alternativmedizin. Hier geht man rein physikalisch davon aus, dass alle Materie aus Energie und Schwingung besteht. Diese Schwingungen, die um uns herum vorhanden sind, können den Menschen sowohl positiv als auch negativ beeinflussen. Die spezifische Schwingungsenergie der Steine soll harmonisierend auf die Psyche wirken und für Wohlbefinden und Ausgeglichenheit sorgen, da es sich um ein

Naturprodukt handelt. Neben der Schwingungsenergie wird auch dem kristallinen Aufbau und den Mineralien und Spurenelementen eine positive Wirkung auf den Organismus zugeschrieben. Einige Edelsteine können sogar in Trinkwasser gelegt werden und ihre positiven Wirkungen darauf übertragen. Grundsätzlich wirkt jeder Stein auf seine spezielle Weise und wird entsprechend seiner Bestimmung auch zur Heilung verwendet. Weitere Informationen zu den einzelnen Heilsteinen des Silencers finden Sie als Download im Internet unter: *www.silencer-online.com*

Abschließend möchte ich noch erwähnen, dass natürliche Edelsteine noch eine weitere psychologische Wirkung haben, denn sie werden zunehmend auch als Trost- oder Taschenstein verwendet. Dies ist für Kinder ganz besonders zu empfehlen. Im englischen Sprachraum hat sich dafür die Bezeichnung „worry stone" (Sorgenstein) durchgesetzt.

> Die Silencer-Perlen können Talisman, Taschen- und Sorgensteine sein. Sie geben uns Halt und Trost.

Ich finde diese Idee sehr schön, denn ab einem gewissen Alter möchten Kinder das heiß geliebte Kuscheltier vielleicht nicht unbedingt mit in die Schule nehmen, andererseits gibt ein Talisman oder Taschenstein Sicherheit, Selbstvertrauen und Halt. Auch wir Erwachsene fühlen uns mit einem Gegenstand, der eine bestimmte Bedeutung für uns hat, wesentlich wohler und sicherer.

Über die innere Mitte

Im Gleichgewicht zu sein, gehört zu unseren physischen und psychischen Grundprinzipien, denn so sind wir aufgebaut und nach diesem Mechanismus „funktionieren" wir. In der Fachsprache nennt man das *Homöostase* und das bedeutet, dass wir immer bestrebt sind, einen Zustand von Gleichgewicht aufrechtzuerhalten. Stellen Sie sich dazu einfach eine Waage oder eine Wippe auf dem Kinderspielplatz vor. Befindet sich auf beiden Seiten eine gleich schwere Last, dann ist die Waage ausgeglichen oder in Balance. Nun kommt auf der einen Seite etwas dazu und prompt steht sie schief. Um diese Schieflage wieder auszubalancieren, beschwert man gewöhnlich die andere Seite, bis alles wieder ausgeglichen ist. Mit diesem Prinzip des Ausgleichs sind unser Körper und auch unsere Psyche den ganzen Tag beschäftigt, ohne dass wir das notwendigerweise merken. Wir sind ein lebendiges, offenes System und es passiert ständig etwas, sodass wir, wie bei dem Beispiel mit der Wippe auf dem Spielplatz, immer ein wenig hin- und herschaukeln. Das Wippen an sich gefällt uns Menschen jedoch ausgesprochen gut, auch wenn es manchmal hoch hergeht und wir regelrecht den Halt verlieren. Dann wünschen wir uns, dass mehr Ruhe einkehrt, und wir versuchen, die Waage wieder auszubalancieren. Wir streben einen Zustand innerer Ausgeglichenheit an, aber das bedeutet nicht, dass unsere Waage in völliger Ruhe und Balance sein soll, sondern vielmehr, dass wir uns zentrieren und um einen Punkt kreisen, der unsere Mitte darstellt und „richtig" für uns ist.

Nehmen Sie doch einmal einen Bleistift zur Hand und versuchen Sie, ihn auf dem Zeigefinger zu balancieren. Was passiert? Sie müssen den Bleistift am Anfang vermutlich ein wenig hin und her schieben, um die Mitte – den optimalen Gleichgewichtszustand – zu finden, aber anschließend können Sie sogar eine Seite antippen, ohne dass er herunterfällt.

Gleichgewicht bedeutet Stabilität, aber nicht Stillstand, ganz im Gegenteil! Aus einer stabilen Position heraus trotzen Sie jeglichem Sturm und können zu neuen Ufern aufbrechen, ohne Schiffbruch zu erleiden. Ich erlebe in meiner Praxis und auch im Alltag viele Menschen, die aus ihrer Mitte gerissen wurden, oder auch Menschen, die Ihre innere Mitte gar nicht kennen bzw. nicht gefunden haben. Sie haben meist keine Vorstellung davon, wie sie Glück erreichen und ihr Leiden vermeiden können, da sie keine Vorstellung davon haben, was „innere Mitte" bedeutet. Das ist nicht weiter verwunderlich, denn unsere Gesellschaft legt keinen Wert darauf, auch den Geist zu

„erziehen". Wir lassen ihm einfach seine Freiheit und beachten ihn nicht, sodass er sich auch im Erwachsenenalter noch wie ein ungezogenes Kind aufführt.

Sein Verhalten bringt uns aus dem Gleichgewicht und schadet uns damit sehr. Im Grunde genommen sind dies nur Hilferufe, wie bei einem Kind, das keine Beachtung findet. Schenken Sie Ihrem Geist die notwendige Aufmerksamkeit, indem Sie die Silencer-Übungen machen! Widmen Sie Ihrem Geist täglich etwas Zeit und Zuwendung, und im Gegenzug schenkt er Ihnen Glück, Gesundheit und Widerstandsfähigkeit.

> Ein untrainierter Geist benimmt sich wie ein ungezogenes Kind und reißt uns immer wieder aus unserer Mitte.

Psychoedukation

• •

Der Weg zu allem Großen geht durch die Stille.
FRIEDRICH WILHELM NIETZSCHE

Eine wesentliche Säule der Silencer-Methode ist die sogenannte Psychoedukation, sie setzt sich aus den Worten *Psycho* (die Psyche oder Psychologie betreffend) und *Edukation* (Lehre, Schulung) zusammen. Der Begriff kommt eigentlich aus der Therapie und meint Aufklärung und Vermittlung von Wissen über Störungsbilder und Erkrankungen dem Patienten, aber auch seinen Angehörigen gegenüber. Gute Verständlichkeit ist hier ein zentraler Faktor, damit alle Beteiligten eine tiefe Einsicht entwickeln können. Das ist für uns Menschen sehr wichtig, denn wir möchten wissen, warum etwas so und so ist. Im deutschen Sprachgebrauch kennt man Ansätze hierzu unter dem Begriff *Patientenschulung*, aber das würde für unsere Zwecke zu kurz greifen.

Wir verwenden den Begriff Psychoedukation in einem weiten Gegenstandsbereich, nämlich über etwaige Krankheiten hinaus, denn der Wert von medizinischem und psychologischem Wissen hängt nicht zwangsläufig mit Krankheiten zusammen. Besonders im Bereich der Psychologie ist dieses Vorurteil jedoch oftmals noch weit verbreitet, denn alles, was die Aufschrift „Psychologie" trägt, scheint nach Seelenklempnerei zu klingen. Die Wirklichkeit sieht jedoch ganz anders aus, denn der größte Teil der akademischen Psychologie beschäftigt sich gar nicht mit Krankheiten, sondern mit alltäglichen Dingen.

Psychologie ist weder gefährlich noch negativ, sie bedeutet einfach nur Wissen um den Faktor „Mensch". Hier tut meiner Meinung nach Aufklärung dringend Not und ich würde es sogar befürworten, wenn schon Schulkindern dieses Wissen altersgerecht vermittelt werden könnte. Wie wichtig die Kenntnis von oder über uns selbst ist, wussten schon die Menschen im antiken Griechenland, denn nicht umsonst steht an einer Säule der Vorhalle des Apollon-Tempels in Delphi die Aufforderung: *Erkenne Dich selbst.* Genau hier setzt Psychoedukation an und ist im weiten Sinne als Erkenntnisgewinnung über das eigene Wesen zu verstehen. Es geht darum, sich selbst und die Umwelt besser zu begreifen, um bewusster, souveräner, gelassener und auch erfolgreicher mit den Dingen umzugehen.

So kann der Schein trügen

Nehmen wir einmal an, eine Frau geht zum Arzt, da sie seit Jahren unter schweren Rückenschmerzen leidet. Sie möchte ein anderes Schmerzmittel verordnet bekommen, denn immer öfter leidet sie unter Magenschmerzen durch das aktuelle Medikament. Der Arzt kennt seine Patientin seit Jahren und weiß um die Schwere der Erkrankung. Er weiß auch, dass er ihr kein anderes Medikament geben kann, weil sie schon alles ausprobiert hat. Aus diesem Dilemma heraus greift er kurzerhand zu einer Alternative und preist ihr ein neues Mittel aus den Vereinigten Staaten an, das den Bereich der Schmerzmittel förmlich revolutioniert hat! Die Behandlung damit sei extrem wirkungsvoll und sensationell verträglich, ganz ohne Nebenwirkungen. Sofort willigt die Frau ein und der Arzt spritzt ihr eine kleine Menge wirkungsloser Kochsalzlösung in den Rücken, und zwar genau an die Stelle, wo der größte Schmerz sitzt. Schon wenige Minuten später sind die Schmerzen verschwunden, zum ersten Mal seit Monaten! Die Patientin ist begeistert und reagiert auf etwas, was als Placebo-Effekt bezeichnet wird. Placebos sind Scheinmedikamente, die tatsächlich Krankheiten lindern. Millionen von Patienten weltweit erhalten Placebos, besonders dann, wenn kein anderes Mittel mehr helfen kann. Immer häufiger belegen Forschungsergebnisse, wie wirkungsvoll Medikamente ganz ohne Wirkstoff sind.

Lange Zeit ging man davon aus, dass Scheinmedikamente nur bei sogenannten Simulanten helfen, also bei Personen, die ihre Krankheiten vortäuschen. Zunehmend entdecken Wissenschaftler jedoch, dass auch bei „echten" Krankheiten immer mehr messbare Veränderungen im Körper festgestellt werden können, die zur Heilung beitragen. Placebos wirken bei fast jedem Menschen und die „Placebopersönlichkeit" gibt es nicht. Das Wichtigste bei der Verabreichung ist jedoch, dass der Patient nicht wissen darf, dass er nur ein Scheinmedikament erhält. Nur, wenn der Betreffende eine Besserung *erwartet*, also an das Medikament *glaubt*, werden z. B. körpereigene Schmerzmittel, sogenannte Opioide, aktiviert. Erwartungen und Glaube haben ein energetisches Potenzial, das seine Wirkungen auf unseren Körper entfalten kann.

Erwartungen und Glaube können viele positive Effekte auslösen, aber auch das Gegenteil kann der Fall sein. Ein destruktiver Glaube und negative Erwartungen haben ebenfalls die Energie, Wirkungen in unserem Körper auszulösen. Diese negativen Effekte schaden uns jedoch und gefährden sogar unsere Gesundheit. Während der Placebo-Effekt uns hilft und heilt, macht sein Gegenteil, der Nocebo-Effekt, uns krank und schadet.

> Positive Erwartungen heilen. Negative Erwartungen gefährden die Gesundheit.

Verabreicht man einem Patienten ein Placebo, so kann dieser echte Nebenwirkungen verspüren, wie Mundtrockenheit, Übelkeit und Kopfschmerzen. Häufig passiert das, wenn der Arzt bei der Verabreichung gezielt auf diese Nebenwirkungen hingewiesen hat. Auch hier spielt also die Erwartung des Patienten eine wichtige Rolle. Bereits in den 1960er-Jahren beeindruckten Nocebo-Experimente die Fachwelt. So sagten beispielsweise Ärzte ihren Patienten, es würde ein neues Brechmittel getestet, doch die Versuchspersonen tranken nur harmloses Zuckerwasser. Trotzdem mussten sich 80 Prozent der Studienteilnehmer übergeben!

Sie erkennen am Placebo- und am Nocebo-Effekt, dass der Glaube an etwas von entscheidender Bedeutung ist. Dieser Glaube hat jedoch keine religiöse Dimension, sondern er ist eine bestimmte Haltung, die der Gefühlswelt zuzuordnen ist.

> Der Glaube versetzt Berge, er hat jedoch prinzipiell nichts mit Religion zu tun.

Erkenntnisse aus der Quantenphysik untermauern die Effekte des Glaubens: Wir sind in der Lage, auf etwas zuzugreifen, etwas zu steuern oder Ressourcen zu aktivieren, die wir bislang bestenfalls unbewusst genutzt haben. Das kann uns helfen und nützen, das kann uns aber auch sehr schaden. Es ist also wichtig, zu wissen, was wir gerade tun und wie wir es steuern können, damit wir alldem nicht hilflos ausgeliefert sind.

Glaube, Vertrauen, Erwartungen und Überzeugungen sind unsere „Lenkräder", um psychische und körperliche Funktionen zu steuern. Ich möchte Sie ermutigen, diese Steuerfunktionen aktiv zu Ihrem Wohl zu nutzen! Das lässt sich nicht nur ganz leicht lernen, sondern ist auch genauso wichtig wie andere Mechanismen zur Selbststeuerung. Gezielte geistige Übungen sind ebenso effektiv wie körperliche Übungen, denn Körper und Geist bilden eine Einheit. Die Kommunikation geschieht über die Gedanken- und Gefühlswelt, und diese Sprache gilt es zu sprechen, um uns vor negativen Auswirkungen zu bewahren und positive Wirkungen zu erzielen. Erinnern Sie sich? Das Wichtigste bei der Verabreichung eines Placebos ist, dass der Patient es nicht wissen darf.

Im Gegensatz zur Placebo-Behandlung sind wir durchaus in der Lage, diese positiven Effekte durch Übungen mit den *Perlen der Stille* bewusst herbeizuführen! Schließlich sind wir eigenständige, selbstbewusste und selbstbestimmende Wesen und können die Sprache unseres geistigen „Betriebssystems" lernen und nutzen, um sprichwörtlich Berge zu versetzen.

Der Zitronen-Test

Um Ihnen die Energie Ihrer Gedanken und Gefühle näher zu bringen, und um Ihnen zu zeigen, wie effektiv diese Steuerfunktionen arbeiten, möchte ich Sie einladen, den „Zitronen-Test" zu machen. Sind Sie bereit?

Schließen Sie (nach dem Lesen der Anleitung) Ihre Augen und stellen Sie sich eine wunderschöne gelbe und saftige Zitrone vor. Nehmen Sie sich ruhig ein wenig Zeit dafür und schauen Sie sich in aller Ruhe an, wie die Zitrone vor Ihnen auf dem Tisch liegt. Nehmen Sie anschließend die Zitrone in die Hand und riechen Sie daran. Das Säuerliche steigt Ihnen in die Nase. Können sie das Prickeln fühlen? Schneiden Sie nun in Ihrer Vorstellung die Zitrone in zwei Hälften, dabei quillt der Saft heraus. Nehmen Sie ein Stück in die Hand und riechen Sie wieder daran. Jetzt können Sie die Säure noch stärker riechen. Geben Sie sich nun einen Ruck und beißen Sie beherzt in die Zitronenscheibe.

Wie geht es Ihnen nun? Ist Ihnen vielleicht Folgendes passiert?

- Ihr Mund hat vermehrt Speichel produziert.
- Sie haben Ihr Gesicht verzogen.
- In Ihrem Mund hat sich etwas zusammengezogen.

Je nach Deutlichkeit dieser Übung konnten Sie erfahren, dass Ihre Gedanken und Fantasien Kräfte sind, die Ihren Organismus veranlassen zu reagieren. Ihr Körper und Ihre Gesichtsmuskulatur haben so reagiert, als hätten Sie tatsächlich in eine Zitrone gebissen. Sie haben sich genauso gefühlt, als hätten Sie es in Wirklichkeit getan, aber dennoch haben Sie sich das Ganze nur „eingebildet". Ihr Gehirn kann nämlich nicht zwischen tatsächlich Erlebtem und Imaginärem unterscheiden. Obwohl Sie ganz genau wussten, dass dies nur eine Übung und nicht die Realität ist, war für Ihr Gehirn diese Einbildung real und es hat die betreffenden Maßnahmen (z. B. Speichelproduktion) sofort eingeleitet. Unser Gehirn kann derartige Unterscheidungen nicht treffen, denn seine Aufgabe besteht lediglich in der Verarbeitung von

Informationen – und diese Informationen sind immer „da". Egal, ob es sich um eine vorgestellte Zitrone handelt oder um andere Gedanken, das Gehirn wird immer Maßnahmen einleiten. Wenn Sie sich also an schöne Momente erinnern, werden in Ihrem Körper unmittelbar Glückshormone ausgeschüttet und Sie fühlen sich entspannt und sind guter Stimmung. Wenn Sie sich hingegen an etwas Trauriges erinnern, dann wird ebenfalls ein entsprechender Hormoncocktail produziert und Sie fühlen sich deprimiert und angespannt. Es ist also sehr wichtig, dass wir auf unsere Gedanken und Vorstellungen achten, denn sie wirken in uns. Sie beeinflussen unser Erleben, Verhalten, unseren emotionalen und physischen Zustand und im übertragenen Sinn sogar unser ganzes Leben.

> Alle Gedanken und Vorstellungen wirken in uns. Darauf sollten wir achten. Und wir sollten lernen, diesen Mechanismus selbst zu steuern, anstatt von ihm gesteuert zu werden.

Hätten Sie geahnt, dass Ihr Glaube, Ihre Gedanken, Ihr Vertrauen, Ihre Erwartungen und Überzeugungen derartige Kräfte besitzen und gravierenden Einfluss auf Ihr Leben und Ihre Gesundheit haben? Ich denke, das sollten wir uns immer wieder vor Augen führen und lernen, diese Mechanismen zu nutzen, um Veränderungen, egal in welchem Bereich, herbeizuführen. Wir erreichen das mit geistigem Training, denn nur ein untrainierter Geist ist den Energien unserer Gedanken und Gefühle hilflos ausgeliefert.

Neue Gedanken – neues Gehirn?

Können neue Gedanken das Gehirn verändern? Kann geistiges Training uns zu ungeahnten Möglichkeiten verhelfen? Diesen und weiteren Fragen widmen sich Initiativen, die westliche Wissenschaft und östliche Weisheit zusammenbringen möchten, wie es das *Mind & Life Institute* oder der Kongress *Meditation & Wissenschaft* macht.

Am Anfang derartiger Bemühungen traf sich im Jahr 2004 der Dalai Lama erstmals mit Neurowissenschaftlern in Dharamsala (seiner Residenz), um über die neuronale Plastizität unseres Gehirns zu sprechen. Derartige Gespräche wären vor nicht allzu langer Zeit noch unvorstellbar gewesen, denn das menschliche Gehirn galt als starr und unveränderbar. Dies war jedoch ein Trugschluss, wie wir heute wissen, denn unser Gehirn ist höchst flexibel: Es verändert sich in dem

> „Das Gehirn ist ein Computer, bei dem die Hardware soft ist."
> *Hans-Jürgen Quadbeck-Seeger*

Ausmaß, wie wir es benutzen. Das war eine bahnbrechende Erkenntnis für die Hirnforscher! Für praktizierende Buddhisten ist das allerdings nichts Neues, denn sie gingen immer schon davon aus, dass der menschliche Geist ein ungeheures Potenzial zur Transformation hat. Der Dalai Lama findet es neu und aufregend, dass nun wissenschaftlich belegt werden konnte, dass geistiges Training das Gehirn verändern kann und befürwortet einen aktiven Austausch zwischen Meditationspraxis und Forschung.

Für Neurowissenschaftler wiederum ist die meditative Praxis der buddhistischen Mönche und Meditationsmeister eine natürlich auftretende Form von neuronaler Plastizität, und sie beginnen zu verstehen, wie das Denken das Gehirn verändern kann. Wahrnehmung und Aufmerksamkeit unterliegen keinen starren Beschränkungen; Emotionen und Bewusstseinszustände beeinflussen die neuronalen Verknüpfungen im Gehirn, „mitfühlende" Meditationen aktivieren Bereiche im Gehirn, die für positive Gefühle und die Bereitschaft zum Handeln verantwortlich sind. Durch geistiges Training verändern sich die physischen Schaltkreise im Gehirn und wir sind prinzipiell in der Lage, Depression in Freude und Aggression in Mitgefühl zu verwandeln.

> „In letzter Konsequenz kann jeder seinen Körper und sein Erleben formen und damit die Trennung zwischen Geist und Materie aufheben."
> *Sharon Begley*

Die Neuroplastizität unseres Gehirns verschafft uns die Möglichkeit, so zu werden und so zu fühlen, wie wir uns das wünschen. Das lässt sich mit einer Art Bodybuilding vergleichen: Nehmen wir an, Sie möchten einen flacheren Bauch haben und im nächsten Urlaub eine gute Figur in Ihrem neuen Bikini machen? Dann ist ein Training Ihrer Bauchmuskulatur die beste Möglichkeit, Ihr Ziel zu erreichen. Auch wenn es am Anfang mühsam ist und Überwindung kostet und Sie vielleicht denken, dass all das sowieso nichts bringt, weil man den Erfolg nicht sofort sehen kann, dann heißt die Devise: Durchhalten! Wenn Sie diese Phase überwinden, wird Ihnen anschließend alles leichter fallen. Sie werden Freude und Stolz empfinden und spür- und messbare Veränderungen an sich feststellen.

> Geistiges Training bringt Sie ganz sicher zu Ihrem Ziel.

Und genauso verhält es sich auch mit geistigem Training. Sie wünschen sich mehr Selbstbewusstsein? Dann trainieren Sie es! Es ist tatsächlich so einfach, wie es klingt.

Die grauen Zellen auf dem Prüfstand

Unser Gehirn besteht aus etwa 100 Milliarden Nervenzellen, den sogenannten Neuronen. Sie bilden ein dreidimensionales komplexes Netz in unserem Kopf. Das Gehirn lernt, oder besser gesagt: wir lernen, indem neue Verbindungen zwischen den Nervenzellen herstellt werden. Wir haben explizite Erinnerungen, zum Beispiel unsere Telefonnummer, weil sie in unserem Bewusstsein ist und uns willentlich zur Verfügung steht. Wir haben aber auch implizite Erinnerungen. Hierunter fallen unsere Einstellungen, emotionalen Reaktionen, Gewohnheiten erlernten Verhaltensmuster und unbewussten Reflexe. Im Allgemeinen sind das Dinge, die so oft aktiviert worden sind, dass sie quasi automatisch ablaufen. Diese impliziten Erinnerungen sind uns nicht bewusst und sie können auch nicht ohne

Weiteres willentlich abgerufen werden. Beim Autofahren wird dieser Effekt recht deutlich, denn wir lösen den Fuß vom Gaspedal, treten die Kupplung, schalten in den nächsten Gang und so weiter, ohne dass uns all das bewusst ist. Wir machen es automatisch. Und so laufen viele Dinge in unserem Alltag ab, denn dies ist eine wichtige Funktion unseres Gehirns. Es „verschiebt" bestimmte Sachen ganz einfach ins Unbewusste, um unser Bewusstsein zu entlasten und Platz für Neues zu schaffen.

Auch mit unseren Gedanken, Einstellungen und Gefühlen wird so verfahren und wir handeln oftmals in vertrauten Bahnen, ohne es zu merken. Diese vertrauten Bahnen sind sehr stabil, sie ähneln gut ausgebauten Autobahnen. Nehmen wir nun einmal an, dass es einen Konflikt gibt und bestimmte Dinge wieder ins Bewusstsein gelangt sind. Nehmen wir weiterhin an, dass das Bewusstsein sich für eine Veränderung der Einstellung, des Gefühls oder einer Handlung entscheidet und auf diese Umsetzung drängt. Für unser Gehirn ist das jetzt Schwerstarbeit, denn es muss die betreffende Autobahn schließen und

> „Begeisterung ist Dünger fürs Gehirn."
> *Gerald Hüther*

eine neue bauen. Mit anderen Worten: Neue Verbindungen müssen geknüpft werden und alte Verbindungen gelöst. Um das zu erleichtern, hat unser Gehirn eine angenehme Lösung parat: positive Gefühle.

Nach Ansicht des Hirnforschers Gerald Hüther ist vor allem die Begeisterung dafür verantwortlich, dass sich in unserem Gehirn etwas verändert. Ein Blick ins Internet verrät, dass Enthusiasmus, Leidenschaft, Entzückung, Euphorie, Freude, Faszination und Interesse mit dem Begriff Begeisterung in Verbindung stehen, und tatsächlich ist für uns Menschen die Begeisterung der beste Motivator, den wir uns wünschen können. Sie hilft uns „bei der Stange" zu bleiben und gibt uns außerdem eine Art berauschendes Gefühl.

Wie aber begeistert man seine grauen Zellen und damit sich selbst?

> Neue Verbindungen in unserem Gehirn werden dadurch geschaffen, dass wir positive Gefühle haben, dass Dinge bedeutsam für uns sind und wir uns (wie in Kindertagen) so richtig für eine Sache begeistern können. Haben wir negative Gefühle, sind wir chronisch gestresst und überreizt, dann „rostet" unser Gehirn ein. Es ist dann fast unmöglich, Veränderungen herbeizuführen, und wir verbleiben in einer Art Teufelskreis.

Hüther weiß darauf eine einfache Antwort, sie heißt: Bedeutsamkeit. Damit wir uns für etwas begeistern, muss es bedeutsam für uns sein! Das ist der Clou.

Herrje, wir sind alle süchtig

In vielen Fällen sind wir uns unserer Gedanken, Einstellungen und Gefühle nicht bewusst und handeln nach „Schema F", ohne es zu merken. Das ist eigentlich ganz schlau, denn dadurch werden wir von vielen Dingen entlastet, weil unsere Programme automatisch ablaufen können und somit kaum Gehirnleistung beanspruchen. Wir haben Platz und Ressourcen geschaffen, um uns mit den Dingen zu beschäftigen, die nicht automatisch ablaufen können oder noch nicht so eingefahren sind. Je öfter wir allerdings bestimmte Dinge denken, bestimmte Gefühle empfinden, bestimmte Einstellungen haben, desto mehr wird all das ins Unbewusste verschoben. So prägen wir damit unsere Persönlichkeit und unsere Sicht auf die Welt. Wir sind, was wir denken. Wir sehen, was wir fühlen und umgekehrt.

Durch diese Funktionsweise unseres Gehirns sind wir geneigt, immer das Gleiche zu denken und zu fühlen, und wir sind uns dessen noch nicht einmal bewusst. Durch diesen Filter nehmen wir unsere Umwelt wahr. Damit ist unsere Sichtweise gewissermaßen eingefärbt, unsere Gedanken und Gefühle werden also auch von außen immer wieder bestätigt. Wir „sehen" nichts Neues, weil wir unsere „Filterbrille" tragen. Das hat viele positive Seiten, denn dadurch bekommen unsere Gedanken und Gefühle eine gewisse Ordnung und Struktur und wir werden vor chaotischer Überreizung geschützt. Es gibt jedoch auch negative Seiten, denn wir sehen die Welt und andere Menschen bevorzugt aus dieser bestimmten Perspektive. So wie ein Tag „gelaufen" sein kann, bevor er richtig begonnen hat, so kann beispielsweise eine Begegnung, eine Herausforderung, eine Beziehung, ein Vorhaben schon „gelaufen" sein, bevor es überhaupt angefangen hat. Natürlich funktioniert dieser Mechanismus auch in positiver Weise, denn mit einem „rosaroten" Filter kann uns so schnell nichts aus der Ruhe bringen.

Wir Menschen haben eine gewisse biochemische Abhängigkeit von vertrauten emotionalen Zuständen entwickelt und jeder Gedanke, den Sie denken, verursacht eine biochemische Reaktion im Gehirn. Das Gehirn schüttet daraufhin Signale aus, die sogenannten Neurotransmitter, die zu den Organen transportiert werden. Je häufiger Sie allerdings einen bestimmten Gedanken (bewusst oder unbewusst) denken, desto eher wird dieser „Fußabdruck" zu einem vertrauten Grundzustand in Ihrem Organismus, denn mit der Zeit gewöhnen wir uns daran.

> „Mit der Dauer der Zeit nimmt die Seele die Farbe der Gedanken an."
> *Marc Aurel*

Was passiert jedoch, wenn wir beispielsweise unseren Grundzustand von *ernsthaft* in *unbeschwert* ändern möchten? Wenn wir uns vornehmen, die Dinge leichter zu nehmen? Dann erhalten unsere Zellen ihre tägliche Dosis an vertrauten Chemikalien nicht mehr. Da unser Körper jedoch sehr auf die Erhaltung des Gleichgewichts (Homöostase) bedacht ist, schicken die betreffenden Zellen eine Botschaft über das Rückenmark an das Gehirn: Sie verlangen nach der gewohnten Dosis, und schon sind wir süchtig, ohne es gemerkt zu haben. Das Gehirn registriert diesen Mangelzustand und wird sofort aktiv. Es tut alles dafür, damit unser Zustand wieder *ernsthaft* ist. Wenn wir also beschließen, etwas Neues zu denken, zu fühlen oder zu tun, dann reagiert unser Körper mit einem Gefühl des Unbehagens und der Irritation, nicht unähnlich einer Entzugserscheinung. Je unbewusster das geschieht, desto eher bestimmt der Körper unser Denken, Verhalten und unsere Gefühle, und wir sind geneigt, wieder nachzugeben.

Rufen Sie sich daher bei Bedarf diesen Mechanismus ins Gedächtnis, denn viele Ihrer Grundzustände sind nur biochemische Gewohnheiten, von denen Sie sich allerdings mit entsprechendem Training lösen können! Nach meinen Erfahrungen dauert es etwa 6 Wochen, bis die Zellen sich von ihrer Sucht nach Vertrautem verabschieden.

> Der Mensch ist ein Gewohnheitstier.

Von positiven Sätzen und bunten Elefanten

Denken Sie nicht an einen bunten Elefanten!

Haben Sie es geschafft, dass kein buntes Rüsseltier in Ihren Gedanken auftaucht? Das würde mich, ehrlich gesagt, sehr wundern, denn unser Gehirn kann mit dem Begriff *nicht* gar nichts anfangen. Es versteht ihn einfach nicht. Für unser Gehirn ist alles „da", auch das *nicht*. Wir können daher Probleme nicht lösen, wenn wir uns vornehmen, *nicht* mehr so sensibel zu sein, *nicht* auf jede Kleinigkeit zu reagieren und *nicht* in helle Aufregung zu geraten. Wir brauchen eine andere Strategie. Aus diesem Grund helfen uns positive Sätze, sogenannte Affirmationen, denn sie arbeiten nicht mit dem *nicht*.

Ich empfinde diese Erklärung als sehr wichtig, denn allzu positive Sätze hatten für mich den Anschein von „Schönfärberei" und erschienen mir unrealistisch. Diese Sichtweise änderte sich jedoch grundlegend, nachdem ich mich intensiver damit beschäftigt hatte, denn Affirmationen verändern Gehirnstrukturen und sind höchst wirksam. Für unser Gehirn spielt es keine Rolle, ob wir uns etwas vorstellen oder ob wir es in Wirklichkeit tun. Um das zu überprüfen, wurden Menschen in einem Experiment angewiesen, sich nur im Geiste vorzustellen, ein Klavierstück zu spielen. Die Forscher wollten wissen, ob sich durch die bloße Vorstellung im Gehirn der Betreffenden etwas verändern würde. Als Kontrollgruppe wählten sie Personen aus, die tatsächlich Klavier spielten. Es zeigte sich, dass bei denjenigen, die sich das Klavierstück nur vorgestellt hatten, genau die gleichen Hirnareale wie bei den tatsächlich Übenden aktiviert wurden. Bloßes Denken oder geistiges Training konnten also physiologische Veränderungen des Gehirns bewirken!

Das bedeutet also, dass Sie Veränderungen recht einfach herbeiführen können, indem Sie sich die gewünschten Veränderungen zunächst vorstellen und dann einüben. Arbeiten Sie bitte immer nur an einer Veränderung und konzentrieren Sie sich darauf. Es dauert erfahrungsgemäß etwa sechs Wochen, bis sich spürbar etwas verändert, geben Sie also nicht zu schnell auf. Im Übungsteil finden Sie einige Affirmationen, die Sie als Vorlage nehmen können. Prinzipiell können Sie jedoch jeden eigenen Satz nehmen. Die Hauptsache ist, dass er positiv formuliert wird.

Das Resonanzprinzip

Die drei Verantwortungen

Im Allgemeinen hat all das, was uns geschieht, auch immer mit uns selbst zu tun. Das klingt jetzt vielleicht hart klingt, aber: Das Resonanzprinzip oder Spiegelgesetz besagen, dass unser Umfeld ein Spiegel unserer selbst ist. All das, was wir sprichwörtlich in den Wald hineinrufen, kommt auch wieder heraus. Es ist also wichtig, Verantwortung dafür zu übernehmen, was wir in die Welt hineingeben, und die erste Verantwortung, die ich Ihnen ans Herz legen möchte, betrifft die Tatsache, dass Sie selbst für Ihr Wohlbefinden sorgen müssen.

> 1. Verantwortung:
> „Ich mache Übungen, um mich wohlzufühlen!"

Was zunächst banal klingt, hat jedoch große Auswirkungen auf unser Leben.

Wenn wir diese Verantwortung erst einmal verinnerlicht haben, dann lassen wir die passive Haltung – wenn uns die Dinge einfach „passieren" – hinter uns, und wir kommen in eine aktive Haltung der Selbststeuerung und Verantwortung. Viele Menschen fühlen sich in ihrer augenblicklichen Situation unwohl und wünschen sich, es möge etwas „passieren". Sie warten auf etwas und suchen im „Außen – doch da können sie buchstäblich lange warten. Der wahre Schatz liegt in uns selbst, denn das Resonanzprinzip besagt, dass wir auf uns selbst achten sollen und weniger auf die anderen. Wir sind unseres Glückes Schmied und wenn wir unser Wohlbefinden in die Welt geben, dann erhalten wir auch Wohlbefinden zurück.

> 2. Verantwortung: „Ich kenne meine Überzeugungen und begebe mich in das Feld von Resonanz."

Die zweite Verantwortung, um die es im Folgenden geht, betrifft Ihre Überzeugungen und die Beachtung des Resonanzfeldes, welches Sie umgibt.

Wenn Sie Ihr Leben ändern möchten, dann gibt es fast nichts, was Sie nicht erreichen können. Das klingt vielleicht ein wenig dick aufgetragen, aber denken Sie doch bitte noch einmal darüber nach. Theoretisch wäre Vieles möglich, aber oftmals schließen wir ein Großteil der Dinge aus, die zu sehr von unseren gewohnten Überzeugungen abweichen.

Wissen Sie, welche Überzeugungen Sie von sich haben? Wie sehen Ihre Ziele aus? Nehmen Sie jetzt gleich Zettel und Stift zur Hand und notieren Sie Ihre Überzeugung von sich und Ihrem Leben. Notieren Sie anschließend, wie Sie sich Ihr neues Ziel vorstellen – und seien Sie bloß nicht bescheiden. Sie müssen es ja niemandem erzählen!

Meine alten Überzeugungen von mir:

. . . .

. . . .

. . . .

Meine neuen Überzeugungen von mir:

....

....

....

....

Ihre Überzeugungen manifestieren sich in Form von Gedanken in Ihrem Kopf, denn wir Menschen denken ständig, ob wir wollen oder nicht. Diese Gedanken sind elektromagnetische Energie, die wir aussenden, ähnlich einem Stein, den wir ins Wasser werfen und der ein kreisrundes Wellenmuster erzeugt. Unsere Energiewellen suchen sich nun auf ihrem Weg eine gleich schwingende Energie, denn das Gesetz der Anziehung (Resonanz) besagt, dass *Gleiches immer Gleiches* anzieht. Und so führen negative Überzeugungen zu negativen Gedanken, beispielsweise „Ich habe keine besonderen Talente und werde es nie zu etwas bringen", und in der Folge ziehen wir Menschen an, die das Gleiche von sich denken. Alles, was mit unserem Resonanzfeld gleich schwingt, wird unweigerlich in unser Leben gezogen. Deshalb ist es wichtig, zu wissen, welches Feld wir bewusst und auch unbewusst aufbauen.

Halten Sie bitte noch einmal inne und überlegen Sie, welche Überzeugungen Sie von sich haben. Werden sich dadurch Ihre Wünsche erfüllen und Ihre Ziele verwirklichen? Sind Sie der Meinung, dass Sie liebenswert sind? Strahlen Sie das auch aus? Übernehmen Sie Verantwortung für Ihr Resonanzfeld, denn auch wenn es so scheint, als seien wir nicht mit der Welt und anderen Menschen verbunden, so zeichnen die Erkenntnisse der modernen Wissenschaft ein anderes Bild: Alles ist mit allem verbunden und beeinflusst sich gegenseitig. Alles ist letztlich Energie. Alles, was wir denken und fühlen, erzeugt ein derartiges Energiemuster – und dieses Wellenmuster „spricht" mit der Welt und die Welt „spricht" mit uns.

Die dritte Verantwortung, die es zu übernehmen gilt, betrifft Ihre Emotionen, denn auch sie sollten über Ihre Ziele informiert werden.

Nehmen wir an, Sie möchten ein bestimmtes Ziel erreichen, beispielsweise ein paar Pfunde abnehmen. Nehmen wir weiterhin an, Sie haben ein klares Datum für den Beginn Ihrer Diät festgelegt und einen konkreten Plan gefasst, wie Sie das anstellen wollen. Ihr Verstand hat beschlossen, dass das Ziel darin besteht, in acht Wochen sieben Kilo leichter zu werden, und der Start gelingt mühelos. Am dritten Tag passiert es jedoch … Sie sehen im Schaufenster ihrer Lieblingskonditorei eine Buttercremetorte, die unmittelbar dafür sorgt, dass Ihnen das Wasser im Mund zusammenläuft und Sie schwach werden.

> 3. Verantwortung:
> „Ich mache Übungen, um den Emotionen mein Ziel zu zeigen!"

Wie konnte das nur passieren? Sie hatten sich doch alles so sorgsam zurechtgelegt? Ja, das stimmt, aber Sie haben leider nicht bedacht, dass Sie Ihren Emotionen auch ihr Ziel mitteilen müssen. Emotionen sind blind und taub und verstehen die Sprache des Verstandes nicht. Sie wussten nicht, dass Sie sieben Kilo leichter werden wollten!

Sie hätten sich also über den Tag verteilt immer wieder so fühlen müssen, als wären Sie schon sieben Kilo leichter und schlanker, als hätten Sie Ihr Ziel also bereits erreicht – denn dann hätte die Gefühlswelt auch gewusst, wohin die Reise gehen soll. Das ist der ganze Trick bei der Sache, und wenn Sie gewusst hätten, wie man negative Gedanken (auch wenn sie sich als schmeichelnde Stimme tarnen) unterbricht und durch positive ersetzt, dann wäre Ihr Plan auch garantiert aufgegangen.

Die Intelligenz des Herzens

In den vergangenen Jahren haben Neurowissenschaftler entdeckt, dass das Herz ein unabhängiges Nervensystem mit mindestens 40 000 Nervenzellen ist. Dieses System kommuniziert mit dem Gehirn und wendet sich insbesondere an die Bereiche, die Emotionen verarbeiten. Forscher am Institute of HeartMath in Kalifornien sind sich sicher, dass die Intelligenz des Herzens den Intellekt mit den Emotionen verbindet. Mit anderen Worten: Das Herz ist intelligent, und die Sprache, die es versteht, sind die Emotionen.

Das Herz kann aber noch mehr, denn es erzeugt ein Energiefeld um uns herum, welches weitaus größer ist als das Energiefeld unserer Gedanken. In der Vergangenheit ist man davon ausgegangen, dass das Herz die alleinige Aufgabe hat, Blut durch unsere Adern zu pumpen, doch nun stellt sich heraus, dass unser Herz weitaus komplexere Aufgaben erfüllt. Können Sie sich vorstellen, dass Sie überall, wo Sie sich befinden, ein unsichtbares Energiefeld begleitet und umgibt? Würde man das sichtbar machen können, sähe es ungefähr so aus, als stünden Sie in der Mitte eines riesigen Lkw-Reifens. Dieser Reifen oder Ring breitet sich etwa zwei bis drei Meter um Ihr Herz herum aus, möglicherweise sogar noch darüber hinaus. Sensitive Menschen können diese Herzenergie spüren und „sehen", aber prinzipiell ist nahezu jeder entsprechend trainierter Mensch in der Lage, dies wahrzunehmen. Unser Herz scheint wie dafür geschaffen zu sein, elektromagnetische Felder zu erzeugen und mit den elektrischen und magnetischen Feldern um uns herum zu interagieren. Ähnlich wie beim kabellosen Datenaustausch mit dem Internet (W-LAN), senden und empfangen wir Informationen mithilfe unseres Herzens. Wie macht das Herz das, werden Sie sich vielleicht fragen. Auch dafür haben die Wissenschaftler am HeartMath-Institut eine einfache Erklärung: All das geschieht mithilfe von Emotionen und unserer Überzeugungen.

Wenn wir ein Gefühl und eine Überzeugung in unseren Herzen tragen, dann erzeugt dies spezifische elektrische und magnetische Impulse. Diese wiederum tauschen sich einerseits mit den Zellen unseres Körpers aus, andererseits mit den Energien der Welt um uns herum. Heute bestätigt die moderne Physik, dass grundsätzlich alles aus Energie besteht und wir Menschen mehr als bloße materielle Substanz sind. Wir sind mit diesem Energiefeld verbunden, und das bedeutet für Sie, dass Sie mit Liebe, Mitgefühl und Vergebung Ihren Körper, aber auch die Welt um Sie herum positiv beeinflussen können. In Bezug auf Ihre Wünsche heißt das, dass Sie stets von der Verwirklichung überzeugt sein sollten und Ihre Wünsche von der Verstandesebene in die Herzebene bringen sollten, damit sie in Erfüllung gehen können.

Die Silencer®-Kette

So stellen Sie Ihre eigene Kette her

In diesem Kapitel möchte ich Ihnen zeigen, wie Sie Ihr persönliches Silencer-Armband ganz einfach selbst herstellen können. Natürlich können Sie auch die originale Silencer-Kette bestellen, die es in verschiedenen usführungen gibt, aber vielleicht haben Sie ja etwas in Ihrem Schmuckkästchen, was Sie verwenden können?*

Das brauchen Sie:

50 gleich große Perlen

1 größere Anfangsperle

Elastisches Hutgummi oder elastisches Kunststoffband

Schere

Ggf. Klebstoff

Dies können Edelsteinperlen oder einfache Holz- und Glasperlen sein, selbstverständlich dürfen Sie auch Zuchtperlen oder Vergleichbares verwenden. Der Wertigkeit sind hier keine Grenzen gesetzt, denn die Perlen des Silencers sollen Sie schmücken, damit Sie sie gerne tragen und die Kette automatisch Wohlgefallen auslöst. Auch das ist wichtig, denn es geht hier um positive Emotionen. (Und es ist doch großartig, wenn man zwei Fliegen mit einer Klappe schlagen kann!) Tragen Sie also etwas, das Ihnen gefällt und womit Sie sich wohlfühlen, und so haben Sie die erste Übung schon mit Bravour absolviert!

* Bestellmöglichkeiten finden Sie im Internet unter *www.silencer-online.com* oder *www.vakverlag.de*

Bitte achten Sie darauf, genau 50 Perlen aufzufädeln, denn dafür sind die Übungen ausgelegt. Außerdem können Sie Ihre Silencer-Kette so doppelt genommen als Armband tragen, ohne dass sie übermäßig rutscht oder zu klein ist. Die Größe der Perlen kann zwischen 6 mm und 10 mm variieren, es kommt ein wenig darauf an, welcher Durchmesser Ihnen angenehm erscheint. Bedenken Sie bei der Perlengröße auch Ihren Handgelenksumfang; nach meiner Erfahrung sind 6 mm große Perlen für Kinder und Jugendliche passend, 8 mm große Perlen sind für durchschnittliche Handgelenke geeignet und 10 mm große Perlen passen bei starken Handgelenken. Das sind ganz gute Richtwerte, aber im Zweifelsfall rechnen Sie lieber die Länge aus, bevor Sie einen Fehlkauf tätigen: 50 Perlen mit einem Durchmesser von je 8 mm ergeben eine Kettenlänge von 40 cm. Dann rechnen Sie die Größe der Anfangskugel dazu (bei der Silencer-Kette ist das Labelschildchen 22 mm groß), so kommen Sie auf eine Endlänge von 42,2 cm. Schneiden Sie nun einfach ein Stück Schnur oder Wolle in dieser Länge zurecht und wickeln es zweimal um Ihr Handgelenk.

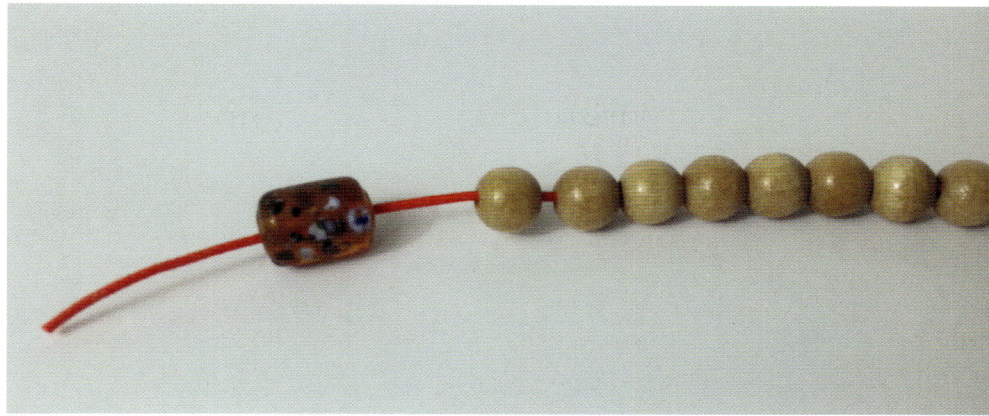

Sie sehen nun genau, wie lang Ihre Kette sein soll und welche Perlengröße passend ist.

Fädeln Sie nun die 50 Perlen auf das elastische Band und schließen Sie mit der größeren Perle ab. Machen Sie einen festen Knoten und geben Sie ggf. einen Tropfen Klebstoff darauf, damit der Knoten sich nicht löst. Ist die Bohrung der Anfangsperle groß genug, können Sie den Knoten auch darin verschwinden lassen. Fertig ist Ihre persönliche Silencer-Kette!

Anwendungsbereiche

Anwendungsbereiche

• •

Seelisches

Stress

Nicht zufällig beginnen wir bei den Anwendungsgebieten für die Silencer-Übungen mit dem Abbau von Stress, denn Stress ist in letzter Instanz die Ursache für unser Leiden. Verstehen Sie mich bitte nicht falsch, es geht hier nicht in der Hauptsache um „handelsüblichen" Stress, wie ein drängender Termin, sondern vielmehr um tieferliegenden, grundsätzlichen Stress. Dieser Stress liegt auch den nachfolgenden Beschwerdebildern zugrunde und kann als eine Art Dysbalance oder Disharmonie verstanden werden, wenn der Mensch nicht mehr in seiner inneren Mitte ist.

Kommen wir zuerst zum Stressbegriff, denn dieses Wort ist aus unserer Kultur kaum noch wegzudenken, dabei ist es noch gar nicht so alt. Irgendwann gegen Ende des letzten Jahrhunderts tauchte der Begriff in unserer Alltagssprache auf. Was als „Managerkrankheit" begann, ist heute vor allem auch chic und bedeutet Kompetenz. Wer im Stress ist, der hat viel Arbeit, ist erfolgreich, gefragt, beliebt und fleißig, wer hingegen nicht gestresst ist, fristet sozusagen sein Dasein und scheint irgendetwas falsch gemacht zu haben.

Überlegen Sie bitte in diesem Zusammenhang, wie oft Sie „Ich bin im Stress", „Ich habe Stress" oder „Ich bin gestresst" verwenden? Sagen Sie das einmal pro Monat, einmal in der Woche oder sogar jeden Tag? Benutzen Sie diese Stress-Sätze ohne sich Gedanken darüber zu machen, und nehmen Sie den Stress als etwas ganz Normales hin, oder versuchen Sie tatsächlich, etwas daran zu ändern? Natürlich kann ich nicht wissen, wie es in Ihrem speziellen Fall aussieht, aber ich kann etwas zum allgemeinen Umgang mit Stress sagen, denn dieser ist aufgrund der sozialen Akzeptanz mehr als leichtsinnig. Stress ist nämlich nicht nur ein Gefühl von Überlastung, Überreizung, Hetze und Überforderung, sondern hat außerdem eine große gesundheitliche Komponente. Zuviel Stress macht uns krank, und jedes Mal, wenn wir gestresst sind, wird unser Stresshormon-System aktiviert. Es versetzt unseren Körper in Alarmbereitschaft, die Pulsfrequenz erhöht sich, das Herz pumpt schneller und der Blutdruck steigt. Beruhigt sich dieses System nicht wieder, bleibt die Konzentration von Neurotransmittern und Hormonen in unserem Körper und in unserem Gehirn erhöht. Das hat nicht nur psychische, sondern auch massive körperliche Folgen (z. B. Herz-Kreislauf-Erkrankungen, Krebs, Burnout und Depressionen). Stress ist kein „Kavaliersdelikt" und wir sollten darauf achten, uns vor schädlichem Stress zu schützen.

> Im Prinzip können Sie alle 40 Übungen einsetzen, denn Stress ist ein grundsätzliches Phänomen. Gegen Stress im engeren Sinne helfen die Übungen 1, 2, 3, 4, 5, 6, 7, 8, 9, 10 und 35.

Nervosität

Nervosität kennt jeder und wir alle wissen, wie es sich anfühlt, nervös zu sein. Es ist ein Gefühl innerer Unruhe und Anspannung, dass sich durch verschiedene Zeichen, wie zitternde Hände, Schweißausbrüche, Herzrasen und beschleunigte Atmung sowie Gefühle der Unsicherheit und Angst, zeigen kann. Das vegetative Nervensystem steuert diese Symptome automatisch, die letztlich eine Form von Stress darstellen und an denen wir ablesen können, wie unser augenblicklicher Zustand ist. Es ist in derartigen Situationen

> Übungen 1, 2 ,3 ,4 ,5, 6, 9, 11, 13 und 35

wichtig, zur Ruhe zu kommen, und dabei unterstützt Sie das Silencer-Training.

Reizüberflutung

Die häufigste Frage, die mir in meiner Praxis gestellt wird, ist diejenige nach Schutz und Abgrenzung in Bezug auf Reizüberflutung, emotionale Belastungen und zwischenmenschliche Beziehungen.

Anzeichen der Reizüberflutung sind: Innere Unruhe und der Wunsch, so schnell wie möglich nach Hause zu gehen, Konzentrationsverlust, Kopfschmerzen, Verspannungen, schnell verschlechternde Stimmung, Energieverlust, Unwohlsein, Müdigkeit, beschleunigter Herzschlag, Beeinträchtigung des Sehvermögens sowie Gereiztheit.

> Finden Sie heraus, welche wiederkehrenden Umstände und Situationen es sind, die Sie in den Zustand des „Overloads" bringen.

Dies sind natürlich nur einige Beispiele, denn die Anzeichen für Reizüberflutung können mannigfaltig sein und sind außerdem von Typ zu Typ verschieden. Es kommt natürlich auch sehr darauf an, wie lange der Zustand des „Overloads" schon besteht, deshalb können auch massive Symptome, wie Schwindel oder sogar Ohnmacht auftreten.

Ich bitte Sie nun zu überlegen, ob es immer wiederkehrende Situationen gibt, in denen sie von Reizen überflutet werden. Es ist zunächst einmal sehr wichtig, diese zu identifizieren und sich, wenn möglich, diesen nicht mehr auszusetzen. Vielleicht ist es auch möglich, die Umstände und Situationen etwas abzumildern. Grundsätzlich sollten wir allerdings immer etwas tun, damit der Körper nicht allzu sehr belastet wird.

> Übungen 1, 2, 3, 4, 5, 6, 11 und 35

Konzentrationsschwäche

Wenn wir uns ausschließlich auf eine Sache konzentrieren, ist das anstrengend und wir können diesen Zustand nicht lange aufrechterhalten. Das gilt umso mehr, wenn wir bereits angespannt und gestresst sind.

Konzentrationsschwäche bedeutet, dass wir uns leicht ablenken lassen und unser Geist sehr unruhig ist. Er bleibt nicht bei einem Thema, sondern produziert ständig neue Gedanken, die uns nicht nur stören, sondern uns an unserem eigentlichen Vorhaben hindern. Ruhe und eine entspannte Grundstimmung sind wichtige Voraussetzungen für die Fähigkeit, sich zu konzentrieren, aber wir sollten auch unseren Geist trainieren, damit er stärker und disziplinierter wird.

> Starten Sie mit den Grundübungen 1, 2, 3, 4, 5 und 6 und wählen Sie anschließend eine spezielle Übung aus, die für Ihre Situation kennzeichnend ist.

Emotionsregulation

Bringen Sie Ihre Emotionen in die innere Mitte, denn unser Leben wird nicht nur von unserem Denken, sondern maßgeblich von unseren Gefühlen bestimmt. Der Verstand zieht eine nüchterne Betrachtungsweise vor und könnte uns vor so manchem Kummer und Schmerz bewahren, doch er findet einfach kein Gehör, wenn die Emotionen am Zuge sind. Unsere Gefühlswelt kann und soll intensiv und vielschichtig sein, aber wir müssen auch darauf achten, eine emotionale Balance aufrecht zu erhalten, denn immer, wenn wir intensive Gefühle empfinden, dann verändert sich auch etwas in unserem Körper. Die Gefühle geben dem Körper tatsächlich vor, wie er zu funktionieren hat!

> Es ist sehr wichtig, den Zusammenhang zwischen Körper und Gefühlen zu sehen, um den Wert der aktiven Emotionsregulation einzuschätzen.

Wir konzentrieren uns im Folgenden auf negative Gefühle, weil sie uns und unserem Körper massiv schaden können. Sie bringen uns aus dem Gleichgewicht und setzen einen Teufelskreis in Gang, denn sie blockieren gleichzeitig die Entwicklung von positiven Gefühlen. Grundsätzlich gilt: Wann immer es um Gefühle geht, ist der Mandelkern (Amygdala) in unserem Gehirn aktiv. Er sendet Signale an andere Teile des Gehirns, die wiederum dafür sorgen, dass in den Nebennieren Hormone, wie Cortisol, Adrenalin und Noradrenalin, ausgeschüttet werden. Diese Stresshormone bewirken massive Veränderungen in unserem Körper:

– Blutdruck und Herzschlag erhöhen sich,

– die Durchblutung in den großen Muskeln wird verstärkt,

– die Durchblutung der Extremitäten wird verringert (kalte Füße, kalte Hände),

– die Muskelanspannung erhöht sich,

– Zucker wird in der Leber aus Eiweiß produziert und ins Blut geleitet,

– Schweiß wird produziert (auch bei kalten Händen),

– der Atem geht schnell und flach,

– die Pupillen erweitern sich.

Diese körperlichen Veränderungen sind tief in uns verankert und laufen automatisch ab. Wir können dagegen nichts tun, denn sie sicherten in früheren Zeiten unser Überleben. Heute ist unsere Situation jedoch anders, denn unser Leben ist den meisten Fällen nicht wirklich bedroht. Unser Körper reagiert dennoch nach diesem alten Schema und das kann uns sehr schaden.

> Achtung:
> Die Grundmuster unserer emotionalen Reaktionen stammen aus der Steinzeit.

Nicht nur unser Körper, auch unser Gehirn befindet sich in einem Ausnahmezustand, denn nun wird ein sehr alter Bereich mit den sogenannten niederen Funktionen aktiviert. Das Gehirn schaltet z. B. bei Angst, Ärger und Wut die Fähigkeit ab, kreative Leistungen zu erbringen, und kann nun keine überlegten und vernünftigen Entscheidungen mehr treffen. Es aktiviert stattdessen unser Notfallsystem und schaltet in den sogenannten Kampf-oder-Flucht-Modus. Wir können nicht mehr richtig denken, weil es in diesem Modus um unser Überleben geht. Hier gilt es zu kämpfen, zu flüchten oder zu erstarren (in letzter Instanz). Die Gefühle geben also auch dem Gehirn vor, wie es zu funktionieren hat! Körper und Gehirn reagieren unter dem Einfluss starker Emotionen mit einer absoluten Ausnahme- und Stresssituation, die keinesfalls über einen längeren Zeitraum, oder tagtäglich vorkommen sollte. Emotionsregulation meint nicht, die Gefühle auf Biegen und Brechen zu verdrängen oder ein gefühlskalter Mensch zu werden, sondern kompetent mit den Emotionen umzugehen und vorschnellen Urteilen mit Gelassenheit begegnen.

Übungen 1, 2, 3, 4, 5, 6, 12, 13, 14, 15, 16, 17 und 35

Angst

Angst gehört zu unseren machtvollsten und stärksten Emotionen, denn wenn wir Angst verspüren, ist jede Faser unseres Körpers in Alarmbereitschaft. Das ist eine sehr wichtige Funktion für uns Menschen, denn die Angst ist unsere große Beschützerin und sichert in bedrohlichen Situationen unser Überleben. Es sind Ausnahmesituationen, in denen die Angst zum Einsatz kommen soll, aber was ist, wenn die Ausnahme zur Regel wird? Was ist, wenn es gar nicht nötig ist, die Angst zu aktivieren, und sie ist trotzdem da?

Wenn Sie nun an so etwas wie „Fehlalarm" denken, dann liegen Sie genau richtig und wir hatten im vorausgehenden Kapitel schon festegestellt, dass uns dieser Zustand sehr schaden kann. Angst ist die Mutter der Vorsicht und löst gerne Großalarm aus, besonders wenn sie glaubt, dass wir dem betreffenden Umstand nicht gewachsen sind. Es ist wichtig, frühzeitig etwas gegen eine „übereifrige" Angst zu tun, damit nicht auch noch Angst vor der Angst entsteht, aber manchmal sind wir uns gar nicht bewusst, dass wir Angst haben. Die folgende Aufzählung zeigt Ihnen typische Symptome, wie Angst sich äußern kann:

- Herzrasen
- Schweißausbrüche
- Schwindelgefühle
- Übelkeit
- Atemnot
- verschwommene Sicht
- Druckgefühl in der Brust
- Kopfdruck

Betrachten Sie die Angst doch bitte mal aus dem Blickwinkel des Loslassens und fragen Sie Ihre Angst ganz einfach, was sie mit ihrem Verhalten bezweckt, denn es tut gut, mit der Angst zu reden. Je öfter Sie mit Ihrer Angst kommunizieren, desto eher wird sie sich beruhigen und lernen, sich angemessen zu verhalten.

Übungen 1, 2, 3, 4, 5, 6, 12, 13, 14, 15, 16, 17, 27 und 35

Aggression

Wenn Sie dazu neigen, „schnell in die Luft zu gehen" und unpassend zu reagieren, dann ist das hauptsächlich eine Sache der Gefühle. Sie lassen sich schnell erregen und reagieren in einer Art und Weise, die für andere Menschen (und manchmal auch Gegenstände) bedrohlich ist. Aggression ist schon bei Kindern zu beobachten und stellt ein Verhaltensmuster zur Verteidigung, zur Gewinnung von Ressourcen und zur Bewältigung potenziell gefährlicher Situationen dar. Aggression ist jedoch auch eine Antwort auf Stress und negative Gefühle, wie Frustrationen (Frustrations-Aggressions-Hypothese), Hitze, Kälte, Schmerz und Hunger. Manchmal merken wir förmlich, dass sich etwas aufstaut und wir ganz langsam an den Punkt kommen, an dem das Maß voll ist. Dann kann es sein, dass bereits eine Kleinigkeit dazu führt, dass es „knallt".

Wir können der Aggression von mehreren Seiten begegnen, nämlich vorbeugend, indem wir emotionale Ausgeglichenheit trainieren, indem wir uns zwischendurch immer wieder entspannen, und im akuten Notfall, wenn entsprechende Strategien uns helfen, die Aggression zu beruhigen und das damit verbundene Stresslevel mit einem anderen Verhalten zu senken.

Depressionen

Vorsichtigen Schätzungen zufolge erkrankt jeder fünfte Bundesbürger ein Mal in seinem im Leben an einer Depression. Wesentlich mehr Menschen kennen Phasen depressiver Verstimmtheit. Schon die Winterzeit (der sogenannte „Winterblues") kann für gedrückte Stimmung sorgen, weil uns Sonnenlicht und damit das wichtige Vitamin D fehlt. Depressionen hängen natürlich nicht allein vom Wetter ab, aber wenn ein Mangelzustand an bestimmten Stoffen vorliegt, dann spiegelt sich das auch in unserer Emotionswelt wieder.

Die Depression ist eine ernst zu nehmende Krankheit, die vielfach von Gefühlen einer tiefen, inneren Leere und Traurigkeit begleitet wird. Begleiterkrankungen, wie beispielsweise Alkoholsucht, können diese Symptome jedoch verdecken, sodass die Depression auf Anhieb gar nicht erkannt wird. Auch Burn-out, der im nächsten Kapitel behandelt wird, kann eine Depression verdecken, oder die Depression verdeckt das Burn-out, das ist nicht immer leicht zu unterscheiden. Ein entscheidendes Merkmal für die Entstehung einer Depression hängt jedoch mit der Fähigkeit zusammen, mit Verlusten und Belastungen umgehen zu können und das ist eine Frage der inneren Mitte.

Übungen 1, 2, 3, 4, 5, 6, 13, 15, 19, 27, 28, 29 und 35

Stärken Sie daher Ihre innere Widerstandskraft, um der Depression keine Angriffsfläche zu bieten, und steuern Sie im akuten Fall mit gezielten Übungen gegen die dunkle Stimmung an!

Burn-out

Burn-out, das „Ausgebranntsein", gilt im deutschsprachigen Raum mittlerweile als Volkskrankheit. Unter dem Begriff *Burn-out-Syndrom* werden alle Symptome und Krankheiten zusammengefasst, unter denen ein Mensch leidet, der sich im Zustand der totalen Erschöpfung befindet. Die häufigsten Anzeichen sind:

– Stimmungsschwankungen und Gereiztheit, Gefühle des Versagens und der Sinnlosigkeit

– Angst, die Anforderungen nicht mehr zu bewältigen („Mir wächst alles über den Kopf.")

– Fehlende Motivation, etwas zu tun, permanente Müdigkeit, Mattigkeit, Kraftlosigkeit und Erschöpfung

– Verzweiflung, Depressionen und Hilflosigkeit

– Körperliche Symptome (Kopf- und Rückenschmerzen, Schlafstörungen, Magen-Darm-Beschwerden, Schwindel, Herz-Kreislauf-Probleme, Infektanfälligkeit, Hörsturz und Tinnitus)

– Während oftmals angenommen wurde, dass Burn-out einzig und allein mit „zu viel Arbeit" in Verbindung steht und das nur „Arbeitstiere" erkranken können, so wird heute davon ausgegangen, dass es primär um das subjektive *Erleben* von Arbeit geht. Ursache sind also nicht die Belastungen der Arbeit, denn wir sind in der Lage physisch und psychisch schwere Arbeit zu verrichten, sondern vielmehr, wie sehr diese Arbeit uns beansprucht, also letztlich stresst. „Ausbrennen" ist ein gefühlsmäßiger Akt und hat in den meisten Fällen auch gefühlsmäßige Ursachen. Diese liegen oftmals im Unternehmen begründet, d.h. in der Art und Weise, wie mit Gefühlen umgegangen wird. Burn-out hat aber auch viel mit der eigenen psychischen und emotionalen Widerstandskraft zu tun. Zu dessen Stärkung tragen die vorgestellten Übungen bei.

Übungen 1, 2, 3, 4, 5, 6, 7, 8, 9, 10, 11, 12, 13, 15, 27, 35, 37 und 40

Sucht

Allen Süchten ist gemein, dass sie abgesehen von einer etwaigen körperlichen Abhängigkeit, eine hohe psychische Komponente besitzen. Wenn wir beispielsweise beschließen, nicht mehr zu rauchen oder zu trinken, dann ist der körperliche Entzug recht gut mithilfe von Ersatzstoffen und Medikamenten zu bewältigen, der psychische Entzug ist jedoch weitaus schwieriger und dauert vor allem auch länger. Warum greift der ehemalige Trinker irgendwann wieder zur Flasche, wenn er aus Klinik und Therapie als „trocken" entlassen wird? Warum fängt der ehemalige Raucher nach erfolgreicher Entwöhnung wieder an zu rauchen? Warum kehren wir zu unserer Sucht zurück, obwohl sie uns schadet? Warum fällt es uns so schwer, uns von unseren Süchten zu verabschieden?

Die Antwort auf diese Fragen ist zunächst recht einfach: Früher oder später taucht die Stimme der Gewohnheit, der Emotionen und Zellerinnerungen auf und lässt uns fühlen, wie schön es war zu rauchen, zu trinken oder Törtchen zu essen. Unsere Sucht wird in der Rückschau durch die rosarote Brille betrachtet, so wie alles Vergangene uns oft schöner und besser erscheint. Diese fatale Sicht- und „Fühlweise" hat oftmals erst eine Chance sich zu lösen, wenn die Betroffenen „ganz unten" waren, wenn sich die Erinnerungen auch mit bestem Willen nicht mehr schönfärben lassen.

Die innere Suchtstimme und die damit verbundenen Gefühle lösen in uns ein unmittelbares Substanzverlangen aus (*craving*, d. h. Begierde) und unser Körper sezerniert die entsprechenden Botenstoffe. Wir können es dann kaum noch abwarten, bis wir endlich die Zigarette, den Alkohol usw. konsumieren können. Auch sensible und emotionale Menschen sind von diesem Mechanismus betroffen, denn sie erleben Gefühle tiefer und vielschichtiger. Das Verlangen scheint aus diesem Grund vergleichsweise stärker bzw. weniger kontrollierbar zu sein. Sucht ist in der Hauptsache eine psychische und emotionale Angelegenheit, und es ist überaus wichtig, die entsprechenden Mechanismen zu erkennen und anders zu steuern, um sich dauerhaft aus der Abhängigkeit zu lösen. Die Übungen der Silencer-

Methode sind als fehlender Baustein zu den gängigen Maßnahmen und Therapien zu verstehen, um nicht rückfällig zu werden und um nicht unnötig zu leiden. Es ist wichtig, sich bei der Entwöhnung wohl zu fühlen und im richtigen emotionalen Zustand zu sein, um es auch schaffen zu können. Emotionen haben die Aufgabe, uns zu führen. Wenn wir das entsprechende Gefühl mit Übungen aktivieren, können wir uns von der Sucht befreien. Wichtig ist, das *richtige* Gefühl zu aktivieren, denn es soll dem gefühlten Verlust auf jeden Fall entgegenwirken. Bei den einzelnen Übungen finden Sie mehr hierzu.

Ich möchte Sie aber auch ermuntern, Ihre Sucht einmal aus der spirituellen und geistigen Perspektive zu betrachten: Sucht ist Begierde, ungezügelte Emotion, das Verlangen nach dem Gefühl der

> Übungen 1, 2, 3, 4, 5, 6, 33, 34, 35 und 36

„Entspannungserfahrung" (diese kann recht unterschiedlich erlebt werden), sie ist Sehnsucht, Herausforderung und die Sucht ist auch eine Aufgabe, an der Sie wachsen sollen! Wenn Sie die Sucht achtsam überwinden, werden Sie nichts verlieren und müssen auf nichts verzichten, im Gegenteil. Sie können nur gewinnen.

Körperliches

> *Willst du den Körper heilen*
> *musst du zuerst die Seele heilen.*
> PLATON

Infektanfälligkeit

Wenn Sie auffallend häufig von Infekten oder Infektionskrankheiten heimgesucht werden, dann spricht man in der Regel von einer Anfälligkeit oder Immunschwäche. Ob wir nun von grippalen Infekten, Erkältungen, Schnupfen oder Ohrenentzündungen reden: Ein schwaches Abwehrsystem macht uns anfällig für vielerlei Krankheiten. Oftmals wird ein Mangel an Vitaminen und Spurenelementen,

Bewegung oder der fehlende Aufenthalt an der frischen Luft für ein geschwächtes Immunsystem verantwortlich gemacht, aber dies ist nur eine Seite der Medaille; es vernachlässigt unsere psychische und emotionale Ebene. Unser Körper und unser Geist sind eine Einheit und stehen in einer engen Beziehung zueinander, sodass wir ein schwaches Abwehrsystem auch immer von der seelischen bzw. geistigen Seite betrachten müssen. Diese kombinierte Sichtweise hat die moderne Forschung aufgegriffen und beschäftigt sich nun auch mit den Wechselwirkungen zwischen Psyche, Nervensystem und Immunsystem. Die sogenannte Psycho-Neuro-Immunologie hat herausgefunden, dass Botenstoffe des Nervensystems auf das Immunsystem und Botenstoffe des Immunsystems auf das Nervensystem wirken. Unser Immunsystem wird von unseren Gedanken, Gefühlen und Einstellungen beeinflusst; geraten wie hier aus der inneren Mitte ist, bedeutet dies Stress. Dieser Stress ist letztlich die Ursache für die Schwächung unseres Abwehrsystems und damit für unsere Infektanfälligkeit.

> Übungen 1, 2, 3, 4, 5, 6 und 35. Wählen Sie anschließend eine spezielle Übung aus, die für Ihre Beschwerdesituation kennzeichnend ist.

Krankheiten im Allgemeinen

Sind wir krank, gehen wir zum Arzt. Wir bekommen Medikamente und mitunter spezielle Behandlungen verschrieben, oder wir werden operiert, um wieder gesund zu werden. Wir begeben uns in die Hände der Schulmedizin und meinen zuweilen, dass wir nun die Verantwortung für unsere Heilung nicht mehr tragen müssen und in dieser Angelegenheit gewissermaßen „außen vor" sind. Oftmals ist uns gar nicht klar, dass wir selbst auch etwa tun können, indem wir unsere inneren Heilkräfte aktivieren und so die medizinische Behandlung unterstützen. Das ist so wichtig, weil wir den Zellen unseres Körpers keinesfalls die Information senden sollten, dass wir krank sind. Wenn wir an unsere Krankheit *denken* und wenn wir unsere Krankheit *fühlen,* dann schaltet unser Organismus auch auf *krank* um, weil er von uns diese Informationen erhält. Krankheit scheint nun die Zielvorgabe zu sein und der Körper schüttet entsprechende Botenstoffe und Signale aus. Doch das ist gar nicht unsere Absicht, denn wir möchten ja wieder gesund werden. Unser Körper soll also gesund machende Botenstoffe und Signale aussenden, und das können wir ihm nur „sagen", wenn wir *gesund denken* und *gesund fühlen*.

Wissenschaftler haben diesen Mechanismus längst erkannt und in zahlreichen Studien nachgewiesen. Sie sprechen von einer neuen Medizin, die in Zukunft nicht nur unseren Körper wie eine Maschine behandelt, sondern vielmehr die Energien unseres heilenden Geistes nutzt und auch unsere Gefühlswelt zur Genesung hinzuzieht.

> Die Medizin der Zukunft aktiviert positive Erwartungen, Gefühle und Gedanken und reduziert den (Krankheits-) Stress, um die Kraft der inneren Mitte zu nutzen.

Ich würde mir wünschen, dass jeder Arzt und jeder Therapeut seinen Patienten näher bringt, dass sie selbst ganz viel für ihre Heilung tun können. Im Augenblick scheint es eher noch dem Zufall überlassen zu sein, ob ein Mensch seine inneren Heilkräfte aktiviert oder nicht. Unterstützung erhält diese Sichtweise von der modernen Forschung, die sich mit dem Thema *Heilen mit dem Geist* intensiv auseinandersetzt. Besonderes Interesse haben die Wissenschaftler derzeit am Vagusnerv, der höchstwahrscheinlich Körper und Geist verbindet. Der Vagus ist Bestandteil des Parasympathikus, der für Beruhigung, Entspannung und Regeneration zuständig ist, und dieser Nerv wird durch Gefühle und geistige Übungen beeinflusst. Die Psychologin Bethany Kok fand beispielsweise heraus, dass gute Gefühle den Tonus des Vagusnerves erhöhen und das wiederum kann sogar zu einer höheren Lebenserwartung führen!

> Lachen ist die beste Medizin.

Was ebenfalls zu einem längeren und gesünderen Leben führt, ist das Lachen, auch konnte wissenschaftlich belegt werden. Immer mehr Kliniken in England und den USA setzen daher auf professionelle

Lach-Therapeuten mit fundierter Ausbildung und auch in Deutschland öffnet man sich diesen Themen. Natürlich bietet eine Erkrankung nichts zu lachen, aber das Lachen und positive Emotionen sind wichtig, um wieder gesund zu werden! Schenken Sie sich ein Lächeln, wann immer es möglich ist. Es ist wichtig, sich gesund zu sehen und sich auszumalen, was Sie tun werden, wenn Sie gesund sind. Begeben Sie sich ganz in diese Situation und lassen sie das gute Gefühl, das damit verbunden ist, Ihren ganzen Körper durchströmen.

> **Übungen 1, 2, 3, 4, 5, 6, 13, 15, 28, 33 und 35**

Krebs

Krebs gehört zu den Diagnosen, die Angst und Panik in uns auslösen und das Stresssystem unseres Körpers in höchstem Maße aktivieren. Negative Gedanken und Gefühle bestimmen den Tag und greifen nicht nur unsere Psyche an, sondern auch unser Immunsystem. Gerade das hätte den Krebs jedoch erkennen und abwehren müssen, sodass davon ausgegangen werden kann, dass unser Abwehrsystem schon im Vorfeld der Erkrankung geschwächt war. Verantwortlich für diese Schwächung ist nicht selten eine Phase von Stress und psychischen Belastungen, sodass einige Autoren sogar davon ausgehen, dass Stress die alleinige Ursache von Krebs darstellt. Auch wenn mir diese Sichtweise zu einseitig erscheint, sehe ich jedoch, dass viele Krebspatienten nicht in der inneren Mitte waren und dies letztlich auch zu ihrer Erkrankung beigetragen hat.

Im Hinblick auf das Immunsystem geschieht Folgendes: Die Diagnose Krebs löst Angst, Panik und weiteren Stress aus, was das Immunsystem wiederum schwächt. Im Zuge der Behandlung wird oftmals eine Chemotherapie durchgeführt, die neben den Krebszellen auch unsere Immunzellen im Blut angreift, sodass wir in gewisser Weise das einzige, was uns gesunden lassen kann, nämlich unser Abwehrsystem, massiv angreifen. Unser Abwehrsystem ist jedoch in letzter Instanz für unsere Heilung zuständig und sollte gerade jetzt gestärkt werden! Sie können das unterstützen, indem Sie Ihren

Körper entgiften, Ihre Ernährung umstellen und Vitamine in hoher Konzentration zu sich nehmen.

Weiterhin ist es nicht nur wichtig, sondern vielmehr eine zentrale Notwendigkeit, belastende Gedanken und Gefühle, wie Angst und Hoffnungslosigkeit zu verhindern und Optimismus aufzubauen. Optimismus und die damit verbundene Stärkung der positiven Grundhaltung hilft uns dabei, gesund zu werden, und das lässt uns länger leben, das konnte mehrfach wissenschaftlich belegt werden. Eine in diesem Zusammenhang berühmt gewordene Studie handelt von 180 amerikanischen Nonnen der Gemeinschaft *School Sisters of Notre Dame*. Das Forscherteam um Deborah Danner und David Snowdon von der University of Kentucky stellten mithilfe einer psychologischen Untersuchung zunächst fest, welche Schwestern eher optimistisch und welche eher pessimistisch veranlagt waren. Dann begleiteten die Wissenschaftler die Ordensschwestern über einen langen Zeitraum bis zu ihrem Tod und stellten fest, dass 90 Prozent der optimistischen Schwestern im Alter von 85 Jahren noch am Leben waren, während von den pessimistisch eingestellten Nonnen in diesem Alter nur noch 34 Prozent lebten.

Diese Zahlen belegen ganz klar, dass Optimismus und eine positive Einstellung uns Menschen länger leben lässt. Das gilt auch angesichts einer Krebsdiagnose, denn mittlerweile wissen wir, dass es einen eindeutigen Zusammenhang zwischen psychischer Stabilität und positivem Krankheitsverlauf bzw. längerer Überlebenszeit gibt. Damit befasst sich eine relativ neue Disziplin, die Psychoonkologie, dessen Mitbegründer Dr. Simonton Anfang der 1970er-Jahre in den USA den Entschluss fasste, Krebspatienten auch seelisch zu begleiten. Die Psyche hilft, den Krebs zu besiegen, im Gegenzug behindert eine negative psychische Verfassung den Heilerfolg. Die Fachwelt hat aus diesen Erkenntnissen erste Konsequenzen gezogen und arbeitet daran, in Deutschland und anderen Ländern eine flächendeckende Versorgung durch Psychoonkologen einzurichten.

Die Silencer-Methode setzt genau an dieser Stelle an und stellt eine einfache Anwendung dar, die sich an Betroffene richtet. Sie soll allerdings auch Fachleute zur Fortbildung anregen, denn ihre Wirkweise gründet sich auf wissenschaftlichen Untersuchungen, wie die von Mary Johnson aus dem Jahr 2009. Sie untersuchte die Auswirkung von Gebeten mit einem Perlenband (Rosenkranz) von Krebspatientinnen während der Chemotherapie. Die Patientinnen bekamen jeweils drei einstündige Einweisungen in das „Gebet der Sammlung" und in die Handhabung eines Rosenkranzes, anschließend konnten sie diese Form von geistigem Training selbst durchführen. Die Patientinnen wurden nach der ersten Sitzung, der letzten Behandlung sowie drei- und sechs Monate nach der Chemotherapie befragt. Die Ergebnisse der Untersuchung belegen, dass Gebete mit Perlenbändern die Krebsbehandlung unterstützen und die Patientinnen vergleichsweise emotional stabiler waren, sich wohler fühlten, weniger Angst und Depressionen zeigten und mehr Vertrauen aufbauen konnten. Das Forscherteam kommt zu der Empfehlung, dass insbesondere auch Krankenschwestern ihren Krebspatienten diese Form von psychologischen und spirituellen Übungen nichts nur ans Herz legen, sondern aktiv unterstützen sollten.

Übungen 1, 2, 3, 4, 5, 6, 13, 15, 28, 33, 35 und 37

Schmerzen

Jeder Mensch kann seinen Geist so trainieren, dass er selbst etwas gegen Schmerzen ausrichten kann, das belegen zahlreiche Untersuchungen. Dabei werden körpereigene Schmerzmittel (Endorphine) ausgeschüttet. Das lässt sich beispielsweise mit dem Gefühl von Zuversicht und positiver Erwartung aktivieren. Die Psychologin Regine Klinger von der Universität Hamburg hat festgestellt, dass Schmerzpatienten trotzdem erhebliche Linderung verspürten, auch wenn sie darüber aufgeklärt wurden, dass ihre 15-minütige Behandlung nur mit Scheinmedikamenten durchgeführt wurde. Den Schmerzpatienten wurde erklärt, dass sie durch ihren Geist in der Lage sind, die nötigen Schmerzmittel selbst in ihrem Körper herzustellen. *Das können auch Sie!*

Aktivieren Sie Ihre körpereigenen Schmerzmittel mithilfe Ihres Geistes!

Benutzen Sie die Silencer-Übungen wie eine Tablette oder wie eine Behandlung, mit der Erwartung, dass die Schmerzen anschließend abklingen.

> Übungen 1, 2, 3, 4, 5, 6, 31, 32 und 38

Der Zahnarztbesuch

Ein Zahnarztbesuch kann belastend sein: Nervosität, schweißnasse Hände, Angst oder übermäßiges Schmerzempfinden breitet sich aus. Die Hände auf dem Behandlungsstuhl verkrampfen und auch sonst kann von Wohlbefinden keine Rede sein.

Schon beim Betreten der Praxis löst der typische Geruch bei vielen Menschen Stress aus und eine Abwärtsspirale setzt sich in Gang, die ohne geeignete Maßnahmen nicht mehr zu stoppen ist. Das ist jedoch nur die Spitze des Einbergs, denn manche schaffen es nur unter großen Schwierigkeiten (oder gar nicht) einen Termin zu vereinbaren oder die Praxisräume zu betreten, denn der Stress setzt schon viel früher ein. Nach Angaben der Deutschen Gesellschaft für Zahn-, Mund- und Kieferheilkunde fürchten sich 60–80 % der Deutschen vor dem Besuch beim Zahnarzt, 20 % gelten als hoch ängstlich und 5–10 % Prozent leiden an einer Zahnarztphobie und gehen gar nicht erst hin. Mithilfe der Silencer-Methode können Sie Ihrem nächsten Zahnarztbesuch bald entspannt entgegensehen.

Wichtig ist in diesem Zusammenhang vor allem die Zeit *vor* dem Gang zum Zahnarzt. Haben Sie schon einmal darüber nachgedacht, warum Sie sich in der Gegenwart mit einem Ereignis quälen, welches in der Zukunft liegt? Warum holen Sie sich eine negative Erwartung (Behandlungsschmerzen) immer wieder ins Gedächtnis, obwohl das sehr unangenehm für Sie ist und dies an der Sache nichts ändern kann? Warum wiederholen Sie die (zukünftige) Szene im

> Unterbrechen Sie die Stimme Ihrer negativen Erwartungen!

Geiste immer wieder, obwohl Sie sie gar nicht mögen? Warum legen Sie immer wieder den gleichen „Film" ein, obwohl Sie ihn hassen? Beruhigenderweise hat das wenig mit Ihnen persönlich zu tun, sondern ist vielmehr eine menschliche Eigenart. Versuchen Sie zukünftig, selbst aktiv zu werden, und die Stimme der Angst gar nicht erst zu Wort kommen zu lassen.

Kehren Sie die Stimme der negativen Erwartung in eine positive Erwartung um, denn schließlich soll der Besuch beim Zahnarzt etwas Gutes und nicht etwas Schlechtes sein. Nachfolgend finden Sie Beispiele für Alternativsätze und -gedanken, mit deren Hilfe Sie die negative Stimme in Ihrem Kopf zum Schweigen bringen können:

– Gesunde Zähne sind sehr wichtig für mich.

– Schöne Zähne bringen mein Lächeln zur Geltung.

– Mein Zahnarzt macht mein Gesicht schön und attraktiv.

– Ich achte auf mich und das sieht man an meinen gepflegten Zähnen.

– Ich gehe gern zum Zahnarzt und bin froh, dass die Medizin heute so fortschrittlich ist.

– Mein Zahnarzt tut alles, damit es mir gut geht und ich während der Behandlung nicht leiden muss.

– Ich bekomme Schmerzmittel, wenn ich sie brauche.

– Ich bin stolz auf mich, weil ich zum Zahnarzt gehe.

Übungen 1, 2, 3, 4, 5, 6, 9, 14, 15, 23, 34 und 38

Zwischenmenschliches

Beziehung ist der Spiegel,
in dem wir uns selbst so sehen, wie wir sind.
JIDDU KRISHNAMURTI

Mobbing

Der Begriff *Mobbing* leitet sich aus dem englischen *to mob* ab, was so viel wie belästigen, anpöbeln oder schikanieren bedeutet. Von Mobbing wird nur dann gesprochen, wenn Beleidigungen, Gehässigkeiten oder Ignorieren über einen längeren Zeitraum andauern und Folgen für das Opfer darstellen. Mobbing schließt körperliche Attacken zwar nicht aus, bezieht sich aber in der Hauptsache auf seelische Übergriffe.

Die Auswirkungen von Mobbing sind für Betroffene zwar vielschichtig, aber im Grunde genommen erzeugt Mobbing enormen (psychischen) Stress, der letztlich sogar zu psychosomatischen Beschwerden, wie Schlafstörungen, Magen-Darmstörungen, innere Unruhe und depressiven Verstimmungen führen kann. Für manche Menschen führt Mobbing jedoch auch zu derart massiven gesundheitlichen Beeinträchtigungen, dass es zu Berufsunfähigkeit und Arbeitsplatzverlust kommt.

Es ist wichtig und sinnvoll, Mobbing frühzeitig zu erkennen und geeignete Gegenmaßnahmen zu ergreifen. Diese reichen meist von einer Analyse der Ursachen und Hintergründe, über hilfreiche Strategien und die Befreiung aus der Opferrolle, bis hin zur schriftlichen Aufforderung an den Täter, das unerwünschte Verhalten zu unterlassen. Auch die Einschaltung weiterer Stellen, wie Betriebsrat und Schulleitung sowie das Aufsuchen von speziellen Beratungsstellen ist angezeigt. Um dem Mobbing zu begegnen, ist es überdies hilfreich, das Leid und den Stress zu mindern, damit vernünftige Entscheidungen getroffen werden können. Je gestresster Sie sich fühlen, desto weniger ist Ihr Gehirn in der Lage, vernünftige Entscheidungen zu treffen und besonnen zu reagieren. Stress trübt unseren klaren Blick und unsere Emotionen driften ins Negative. Beides gilt es abzuwehren, damit wir dem Mobbing souverän begegnen können.

Übungen 1, 2, 3, 4, 5, 6, 7, 8, 9, 10, 11, 12, 13, 14, 15, 16 und 21

Konflikte in der Partnerschaft

Zu einer Partnerschaft gehören Konflikte dazu und es ist wichtig, konstruktiv zu streiten, um die Beziehung nicht zu gefährden; es gilt, gemeinsam durch gute und schlechte Tage zu gehen. Richtiges Streiten ist zuweilen eine Lernsache, aber manchmal gibt es auch Verhaltensweisen des Partners, die einen dauerhaft stören. Das kommt jedoch nicht nur in einer Partnerschaft, sondern auch am Arbeitsplatz oder im Freundeskreis vor. Auch der liebe Nachbar kann Anlass dazu geben, immer wieder „in die Luft zu gehen". In derartigen Situationen hilft Ihnen der Silencer, Ruhe zu bewahren, um den Konflikt zu lösen.

Übungen 1, 2, 3, 4, 5, 6, 14, 15 und 16

„Nein" sagen und die eigene Meinung vertreten

Wenn es Ihnen schwer fällt, „Nein" zu sagen und Ihre eigene Meinung zu vertreten, dann sind Sie oftmals dazu gezwungen, das zu tun, was andere von Ihnen möchten, und Sie können weniger darauf hören, was Sie selbst möchten und was für Sie am Besten wäre. „Nein" zu sagen, hat etwas damit zu tun, anderen Menschen die eigenen Grenzen mitzuteilen, und das kann mitunter recht schmerzhaft sein, vor allem wenn Sie sehr auf Harmonie bedacht sind.

„Nein" zu sagen, hat aber auch etwas mit Selbstbewusstsein zu tun und auch damit, wie routiniert Sie im Umgang damit sind, Ihre eigene Meinung zu vertreten. Beides lässt sich üben und dazu ist es sinnvoll, wenn Sie sich bestimmte Situationen im Geiste vorstellen und mit einem klaren „Nein" durchspielen. Sie können das auch vor dem Spiegel üben, indem Sie zu einem fiktiven Thema Ihre Meinung vortragen und anschließend dagegen argumentieren. Üben Sie laut und schauen Sie sich dabei Ihre Körpersprache an. Stehen Sie verkrampft und haben Sie Ihre Arme schützend vor der Brust verschränkt? Versuchen Sie lieber, gerade zu stehen, die Schultern zurückzunehmen und Ihre Arme locker hängen zu lassen. Sie werden sehen, mit der Zeit klappt es immer besser!

Einen weiteren Tipp, damit es mit dem „Neinsagen" besser funktioniert, ist auf jeden Fall Ruhe zu bewahren. Wenn Sie das Gefühl haben, immer sofort und unmittelbar antworten zu müssen, dann kann es leicht passieren, dass Sie sich im Nachhinein ärgern und feststellen, dass Sie gerne anders reagiert hätten. Wenn Sie also wissen, dass sie dazu neigen, vorschnell „Ja" zu sagen, dann unterbrechen Sie diesen Impuls mit einer kleinen Atemübung, indem Sie zunächst tief ein- und ausatmen.

> Übungen 1, 2, 3, 4, 5, 6, 18, 19, 20, 21 und 28

Individuelles

> *Ändert sich der Zustand der Seele, so ändert dies*
> *auch das Aussehen des Körpers und umgekehrt;*
> *ändert sich das Aussehen des Körpers, so ändert dies*
> *zugleich auch den Zustand der Seele.*
> ARISTOTELES

Schüchternheit und Unsicherheit

Schüchternheit und Unsicherheit gehören in gewisser Weise zusammen und zeigen sich besonders in sozialen Situationen, also in Anwesenheit anderer Menschen. Auch in der virtuellen Welt kann sich Unsicherheit und Schüchternheit zeigen, denn andere Menschen müssen nicht immer physisch anwesend sein, um zu verunsichern.

Wenn Sie oder Ihr Kind zu den schüchternen Menschen zählen, dann brauchen Sie vor allem Halt, Sicherheit und sanfte Ermutigung. Für Sie ist es besonders wertvoll, Ihren Silencer als Talisman oder als Trost- und Taschenstein zu benutzen.

> **Übungen 1, 2, 3, 4, 5, 6, 18, 19, 20, 21, 26 und 28**

Hochsensitivität

Forschungen der amerikanischen Psychologin Elaine Aron zufolge sind etwa 15–20 % der Menschen in unserer Gesellschaft hochsensitiv (auch: hochsensibel). Hochsensitive Menschen (kurz: HSM) nehmen mehr und intensiver wahr als andere Menschen, dies betrifft vor allem die Gefühlswelt. Hochsensitivität hat in Bezug auf die vielfältigen Wahrnehmungsbegabungen der „Betroffenen" zahlreiche positive Züge, führt jedoch auch schnell zu Reizüberflutung und emotionaler Überlastung.

Ein wahrnehmungsbegabter Mensch gilt für Außenstehende leicht als über-empfindlich, über-sensibel, als kompliziert und schwierig, als wenig belastbar und vielleicht sogar als jemand, der aus jeder Kleinigkeit ein Drama macht?

Diese Sichtweise hat durchaus ihre Berechtigung, aber als HSM sieht die Welt ganz anders aus: Viele Reize strömen auf Hochsensible ein und wollen verarbeitet werden, sodass relativ schnell eine alltägliche Situation, z. B. das Arbeiten in einem Großraumbüro, zur Belastung werden kann. Auch Gefühle werden intensiv und vielschichtig erlebt, sodass das Erlernen von aktiver Emotionsregulation sowie von Schutz und Abgrenzung vor Außenreizen zur Notwendigkeit wird.

> **Übungen 1, 2, 3, 4, 5, 6, 22 und 35**

Hochbegabung

Hochbegabte Kinder, Jugendliche und Erwachsene stehen manchmal vor besonderen Herausforderungen, die die überwiegende Mehrheit der Mitmenschen nicht immer nachvollziehen kann. So kann die Leidenschaft für das Denken und Rätsellösen in Gedankenrasen und im „Nicht-abschalten-Können" münden. Manchmal sind die Gedanken so aufgeregt, dass sie von einem Ding zum nächsten springen, und manchmal sind sie derart von einer Sache gefesselt, dass nichts anderes mehr zugelassen wird. Insgesamt ist im Kopf von Hochbegabten (und das betrifft auch die Emotionen) eine Menge los und es ist sehr entspannend und produktiv, wenn dieses komplexe System, wenn nötig, im Zaum gehalten werden kann.

Oftmals leiden Hochbegabte jedoch unter ihrer Sensibilität, Emotionalität und dem permanenten „Rauschen" im Kopf, sodass geistige Übungen Ordnung, Ruhe und Struktur in das hoch entwickelte System bringen.

> Übungen 1, 2, 3, 4, 5, 6, 30, 31, 32, 34, 38, 39 und 40

Autismus-Spektrum

Im Allgemeinen wird zwischen frühkindlichem Autismus und dem Asperger-Autismus unterschieden, das soll jedoch nicht heißen, dass es ausschließlich das eine oder nur das andere gibt. Die Erscheinungsformen des autistischen Spektrums sind vielfältig und reichen von außerordentlichen Begabungen bis hin zu massiven Einschränkungen hinsichtlich der Selbstständigkeit der Betroffenen. Allen Autisten ist gemein, dass sie die Welt mit anderen (besonderen) Augen sehen und das erschließt sich, wenn man Autismus aus der Sicht der Wahrnehmung und Informationsverarbeitung betrachtet. Es fällt auf, dass eine gewisse Offenheit für Reize und eine leichte Irritierbarkeit zu verzeichnen ist. Das hat große Ähnlichkeit mit hochsensiblen Menschen und tatsächlich gehen meine Überlegungen dahin, das autistische Spektrum unter dieser Prämisse zu betrachten.

Wie bei hochsensitiven (hochsensiblen) Menschen sind viele Autisten zum Beispiel geräuschempfindlich und hassen plötzlichen durchdringenden Lärm. Auch leise Töne, z. B. das Surren elektrischer Geräte, können für einen Autisten unerträglich werden und sogar einen Wutanfall auslösen. Viele Autisten haben Probleme damit, eine einzelne Stimme unter vielen Geräuschquellen herauszufiltern. Das heißt, dass sie bei Gesprächen am Bahnhof, im Supermarkt oder in einem lauten Klassenzimmer vielleicht nur einen Bruchteil des Gesagten verstehen. Nicht selten wird ein Hörtest gemacht, bei dem man jedoch feststellt, dass alles in bester Ordnung ist. Manche hochsensitiven Autisten mögen es nicht, berührt zu werden, dabei kann es sein, dass bestimmte Körperbereiche besonders empfindlich sind, z. B. die Kopfhaut oder die Handgelenke. Abneigungen gegen bestimmte Kleidungsstücke, Wäscheschildchen und Weichspülerduft, Parfüms, Deodorants und Putzmittel sind oft zu beobachten. Auch das ist typisch für Hochsensitive, denn es geht um Reize, die intensiver und vielfältiger wahrgenommen werden. In bestimmten Situationen, beispielsweise in einem Einkaufszentrum, fehlt vielen Autisten die Möglichkeit, sich auf eine Sache zu konzentrieren, und sie werden mit vielen wechselnden Reizen konfrontiert. Das führt unweigerlich zu Reizüberflutung und einem hohen Stresslevel.

Insgesamt ist festzuhalten, dass Hochsensitive mit einem autistischen Spektrum besonders von den Silencer-Übungen profitieren, weil sie damit lernen, ihre Reize bzw. die Reizbelastung zu steuern und Spannungen (auch im emotionalen Bereich) zu lösen. Das ist auch in Schulsituationen enorm hilfreich und ich wünsche mir, dass auch im therapeutischen Bereich die Schulung der Wahrnehmung und Aufmerksamkeit Beachtung findet.

> Übungen 1, 2, 3, 4, 5, 6 und 35. Wählen Sie anschließend eine spezielle Übung aus, die für Ihre Beschwerdesituation kennzeichnend ist.

AD(H)S

Kein anderer Verdacht auf eine Störung bzw. Verhaltensauffälligkeit im Kindes- und Jugendalter ist heute so prominent wie das Aufmerksamkeitsdefizitsyndrom, mit und ohne Hyperaktivität. Vor etwa 20 Jahren begann die verstärkte öffentliche Diskussion und das Syndrom ist besonders im Kontext von Schule und Lernen heute nicht mehr wegzudenken. Von ADHS („Zappelphilipp") wird gesprochen, wenn Unaufmerksamkeit, Impulsivität und Hyperaktivität vor dem siebten Lebensjahr auftreten und auffällig erscheinen. Von ADS („Träumerchen") wird gesprochen, wenn Beeinträchtigungen der Konzentration und Daueraufmerksamkeit im Vordergrund stehen und anstelle der Hyperaktivität das genaue Gegenteil, nämlich eine Hypoaktivität, zu beobachten ist. Während in Fachkreisen zu Anfang davon ausgegangen wurde, dass sich AD(H)S mit zunehmendem Alter „auswächst", erkennt man heute die Störung auch im Erwachsenenalter an.

Im Alltag verursachen die vorgenannten Symptome mitunter große Probleme, aus diesem Grund empfiehlt beispielsweise die Deutsche Gesellschaft für Kinder- und Jugendpsychiatrie eine multimodale Therapie, die vorzugsweise aus folgenden Elementen besteht:

– Aufklärung und Beratung von Patienten, Eltern und Lehrpersonal
– Elterntraining und Interventionen in der Familie einschließlich Familientherapie
– Intervention in Kindergarten bzw. Schule
– Kognitive Therapie des Kindes bzw. Jugendlichen
– Medikamentöse Therapie

Je nach Alter des Kindes, seiner Lebenssituation und dem Schweregrad der Verhaltensauffälligkeiten werden verschiedene Behandlungsbausteine eingesetzt, die eine Medikation zwar nicht ausschließen, jedoch als letzte Möglichkeit betrachten. Wann immer möglich sollen verhaltenstherapeutische und pädagogische Maßnahmen im Vordergrund stehen, und ich empfehle besonders hier das Training mit der Silencer-Methode. Bei der Entwicklung der Perlenkette habe ich auch an die Kinder und Jugendlichen in der Schule gedacht, denn

Übungen 1, 2, 3, 4, 5 und 6

sie sollten etwas haben, was sie immer bei sich tragen können, ihnen hilft und trotzdem nicht stigmatisiert.

Situationsbedingtes

Verhalten ist eine Funktion von Person und Umwelt.
$$V = f(P,U)$$
Kurt Lewin

Prüfungsstress

Ob als Kind oder als Erwachsener: Prüfungsstress kann uns alle treffen und ist vermutlich auch Ihnen nicht fremd. Während eine leichte Aktiviertheit uns wacher und leistungsfähiger macht, ist ein „Zuviel" an nervlicher Erregung geradezu kontraproduktiv. Wir schneiden schlechter ab, obwohl wir es besser machen könnten. Für Prüfungen,

Übungen 1, 2, 3, 4, 5, 6, 9, 14 und 21

Vorträge und bei Lampenfieber ist es ratsam, das Stresslevel durch gezielte Übungen auf einen optimalen Punkt zu senken.

Sich selbst zentrieren

Sich selbst zu zentrieren, hat viel mit der inneren Mitte zu tun. Es bedeutet, immer wieder in die eigene, stabile Ausgangslage zurückzukehren. Dazu brauchen wir sogenannte *Anker,* deren Funktionsweise nicht nur lerntheoretisch, sondern auch neurologisch gut bestätigt ist. Anker können visueller Natur sein, indem Sie sich eine bestimmte Situation, einen Ort oder ein Symbol ins Gedächtnis rufen und mit

Ihrem Silencer verknüpfen. Anker können auch verbaler Natur sein, indem Sie beispielsweise beim Abtasten der Perlen ein bestimmtes Wort oder bestimmte Sätze wiederholen.

Auch das Anfassen der Perlen wirkt als kinästhetischer Anker und kann schon ausreichen, um sich zu zentrieren.

> Übungen 1, 2, 3, 4, 5, 6, 21, 22, 24, 26 und 28

Gelassenheit

Gelassenheit ist in unserem deutschsprachigen Wortschatz mit den Begriffen Gleichmut, innere Ruhe, Gemütsruhe oder Besonnenheit zu vergleichen. Gelassenheit ist die innere Einstellung und Fähigkeit, vor allem in schwierigen Situationen die Fassung zu bewahren und eine unvoreingenommene Haltung einzunehmen. Ein gelassener Mensch ist nicht gleichgültig oder gefühlskalt, er behält vielmehr rational den Weitblick und emotional die Oberhand. Gelassenheit ist der Gegenpol zu Stress, Unruhe, Aufgeregtheit und Nervosität, und ich möchte Sie ermutigen, sich diesem wichtigen Thema zu nähern und einige Übungen auszuprobieren.

> Übungen 1, 2, 3, 4, 5, 6, 31 und 37

Motivation

Fällt es Ihnen schwer, Dinge zu tun, zu denen Sie keine Lust haben? Ich denke, diese Frage wird fast jeder Mensch mit „Ja" beantworten. Aber wenn bestimmte Dinge immer wieder aufgeschoben werden (Mañana-Prinzip) oder nie bzw. nur unter großem Druck fertig werden, dann ist es an der Zeit, etwas dagegen zu tun. Wenn Sie also vor der ungeliebten Steuererklärung sitzen, einen Berg Wäsche zu bügeln haben, die Hausaufgaben anstehen oder die guten Vorsätze für das neue Jahr schwerfallen, nutzen Sie die Kraft Ihrer Gefühle, um in Schwung zu kommen!

> Übung 1, 2, 3, 4, 5, 6, 27 und 39

Persönliche Entwicklung

Lerne loszulassen.
Das ist der Schlüssel zum Glück.
BUDDHA

Loslassen

Uns Menschen fällt das Loslassen schwer. Auch wenn der Verstand vielleicht schon längst den Entschluss gefasst hat loszulassen, die Gefühle spielen oft nicht mit und wehren sich vehement gegen diese Veränderung. Was sich so leicht sagt: „Lass doch einfach los", gehört mit zu den schwersten Dingen, mit denen wir manchmal zu kämpfen haben, und das liegt nicht zuletzt daran, dass wir gar nicht so recht wissen, was mit Loslassen überhaupt gemeint ist. Als Einstieg in das Prinzip des Loslassens finden Sie im Folgenden einige Zitate mithilfe derer Sie erkunden können, worum es geht:

— *Jack Kornfield:* „Loslassen bedeutet nicht, den Dingen gleichgültig gegenüberzustehen. Es bedeutet vielmehr, dass wir uns in kluger und den Umständen angepasster Weise um die Dinge kümmern."

— *Gendün Rinpoche:* „Unsere Bereitschaft, die störenden Gefühle loszulassen und die Entwicklung von Raum und Beweglichkeit im emotionalen Prozess, sind die wichtigsten Qualitäten, die sich aus der Praxis des Aufgebens der Emotionen entwickeln."

— *Sogyal Rinpoche:* „Loslassen bedeutet, den Geist aus dem Gefängnis des Greifens zu befreien, weil erkannt worden ist, dass alle Angst und Verzweiflung aus der Begierde des greifenden Geistes entstehen."

— *Hermann Hesse:* „Tu den Schritt und wirf einmal alles weg, so wirst du plötzlich die Welt wieder mit hundert schönen Dingen auf dich warten sehen."

— *Konfuzius:* „Was du liebst, lass frei. Kommt es zurück, gehört es dir – für immer."

– *Sogyal Rinpoche:* „Da Vergänglichkeit für uns gleichbedeutend ist mit Schmerz, klammern wir uns verzweifelt an die Dinge, obwohl sie sich ständig ändern. Wir haben Angst loszulassen, wir haben Angst, wirklich zu leben, weil leben lernen loslassen lernen bedeutet. Es liegt eine tragische Komik in unserem Festhalten: Es ist nicht nur vergeblich, sondern es beschert uns genau den Schmerz, den wir um jeden Preis vermeiden wollten."

Ob Sie nun die Kunst (ja, es ist eine Kunst!) des Loslassens im Allgemeinen trainieren möchten, oder Ihnen zurzeit etwas ganz Bestimmtes Sorgen bereitet – Ihre Entscheidung, sich etwas Zeit zu gönnen und darüber nachzudenken, ist der erste Schritt in die richtige Richtung. Vielleicht fragen Sie sich jetzt: „Nur nachdenken, sonst nichts?". Richtig: „nur" nachdenken, aber in einer bestimmten Art und Weise, die die christliche Mystik als Kontemplation oder als kontemplatives Denken bzw. Methode bezeichnet. *Kontemplation* lässt sich mit tiefem Nachdenken in Ruhe und Konzentration auf einen bestimmten Sachverhalt, auf einen Gedanken oder ein Bild übersetzen. Für unsere Übungen zum Loslassen bedeutet das, dass wir mit tiefem Nachdenken beginnen, und es ist ratsam, dies zu einem täglichen Ritual werden zu lassen.

> Übung 1, 2, 3, 4, 5, 6, 25, 26 und 27

Das Wunder der Achtsamkeit

Achtsamkeit ist eine Form der Aufmerksamkeit, also eine bestimmte Art und Weise, die Welt wahrzunehmen und zu sehen. Achtsamkeit darf nicht mit dem deutschen Begriff *achtsam* verwechselt werden, denn in unserem Sprachgebrauch meint „Sei achtsam!" etwa „Pass auf!" bzw. „Gehe in den Alarmzustand über!". Dies bedeutet Achtsamkeit gerade nicht, sondern sie beschreibt vielmehr einen Zustand von entspannter Konzentration.

Ursprünge der Achtsamkeit (engl. *mindfulness*) finden sich vor allem in den buddhistischen Lehren. In unserem Kulturkreis findet dieses Prinzip seit etwa Mitte des letzten Jahrhunderts mehr und mehr Beachtung und ist heute z. B. in der Medizin und Psychologie nicht nur wissenschaftlich untersucht, sondern fest etabliert.

> „Unser wahres Zuhause ist der gegenwärtige Augenblick. Wenn wir wirklich im gegenwärtigen Augenblick leben, verschwinden alle unsere Sorgen und Nöte, und wir entdecken das Leben mit vall seinen Wundern."
>
> *Thich Nhat Hanh*

Die Wirksamkeit von Übungen zur Achtsamkeit sind mittlerweile gut belegt und werden sogar bei chronischen Schmerzen, Depressionen, Angststörungen, Suchterkrankungen und als flankierende Maßnahme bei Krebserkrankungen eingesetzt. Durch Achtsamkeit kann jedoch nicht nur der Umgang mit Belastungen und Stress und die Erkennung der eigenen Grenzen verbessert werden, sondern auch Entscheidungsfindungsprozesse werden gefördert. Achtsamkeit unterstützt soziale Kommunikations- und Interaktionsfähigkeiten. In der Übung der Achtsamkeit wendet man sich der Erfahrung des gegenwärtigen Augenblicks unmittelbar zu, unabhängig davon, ob diese Erfahrung als angenehm oder unangenehm empfunden wird. Man betrachtet aufmerksam das, was tatsächlich vorhanden ist, ohne sich in Widerstände, Grübeleien, Erinnerungen oder Zukunftsplanungen zu verstricken.

Eine achtsame Haltung gegenüber dem Leben und der Erfahrung des jetzigen Augenblicks ermöglicht ein tiefes Verständnis der eigenen Bedürfnisse, Motive und Wünsche. Wir können klare Einblicke in unsere gewohnheitsmäßigen, wie auch unangemessenen Reaktionen gewinnen. Der daraus folgende Prozess der Klärung und des Ordnens erleichtert die Entwicklung neuer Perspektiven in schwierigen Situationen und den Umgang mit belastenden Gedanken, Gefühlen und Körperempfindungen. Auf diese Weise wirkt die Praxis der Achtsamkeit heilsam. Eine achtsame Lebensweise ist jedem Menschen möglich, völlig unabhängig von Religion, Kultur und geistigen, emotionalen oder körperlichen Voraussetzungen. Um die Übung der Achtsamkeit zu praktizieren, ist eine offene, aber vielleicht auch zunächst skeptische Einstellung eine gute Voraussetzung.

Das Prinzip der Achtsamkeit ist vielschichtig und beinhaltet nicht nur den eingangs beschriebenen Zustand der Aufmerksamkeit, sondern auch die Wahrnehmung des jetzigen Augenblicks.

Achtsamkeit meint aber auch noch eine bestimmte innere Haltung, die durch folgende Komponenten geprägt ist:

- nicht werten
- sich in Geduld üben
- einen Anfänger-Geist bewahren
- Vertrauen entwickeln
- nicht nach etwas streben
- annehmen können
- loslassen können

> **Achtsamkeit ist:**
> - Ein Zustand der Aufmerksamkeit
> - Eine Eigenschaft der Persönlichkeit
> - Eine Methode zur Verminderung von Negativem

Im Prinzip können wir bei jeder Aufgabe in völliger Präsenz und entspannter Konzentration übergehen, ganz gleich, worum es sich handelt. Das ist sehr praktisch, denn scheinbar ungeliebte Tätigkeiten, wie Bügeln oder Abwaschen, können durch eine nicht-wertende Haltung und der Wahrnehmung des gegenwärtigen Augenblicks zu Quellen des Wohlbefindens werden. Wenn wir diese Aufgaben so gestalten, dass sie uns nicht überfordern, aber auch nicht unterfordern, werden wir auch bei der geringsten Sache in einen Zustand des Flusses kommen. Wenn Sie schon einmal meditiert haben, dann haben Sie vermutlich erlebt, dass allein das Zählen der Atemzüge den besonderen Zustand der entspannten Konzentration herbeiführen kann. Das ist allerdings eine Übungssache und entspannte Konzentration gelingt zu Beginn nur durch willentliche und bewusste Konzentration. Es ist also normal, wenn es zu Anfang als anstrengend empfunden wird. Mithilfe der Silencer-Übungen werden Sie lernen, im gegenwärtigen Moment zu bleiben und Achtsamkeit einzuüben. Viel Freude dabei!

> Übung 1, 2, 3, 4, 5, 6, 22, 23 und 24

Selbstbewusstsein

Selbstbewusstsein ist der Schlüssel zur Entfaltung Ihres Potenzials und das können Sie trainieren!

Eng mit dem Selbstbewusstsein ist das Selbstwertgefühl verbunden, und in diesem Zusammenhang wird auch von Selbstwert, Selbstwertschätzung, Selbstachtung, Selbstvertrauen und Eigenwert gesprochen. Im Grunde genommen geht es um Bewertungen, die man von sich selbst hat und diese Überzeugungen können unter Umständen sehr kritisch ausfallen. Das beeinflusst nicht nur das eigene Wohlbefinden, sondern auch Ihren Körper und Ihr Verhalten!

Testen Sie den Carpenter-Effekt!

Sie können dies ganz leicht überprüfen, indem Sie Ihre Silencer-Kette mit Daumen und Zeigefinger und angewinkeltem Arm an einer Perle vor sich halten. Wenn es nicht anders geht, können Sie den Ellenbogen leicht auf Ihrem Oberschenkel abstützen. Die große Perle sollte wie bei einem Lot mit dem Schwerpunkt unten liegen. Halten Sie das „Pendel" völlig ruhig. Sie können gerne die andere Hand zu Hilfe nehmen und die Schwingung zum Stillstand bringen. Nun stellen Sie sich in Gedanken vor, dass der Silencer sich wie ein Pendel von links nach rechts bewegt. Konzentrieren Sie sich so gut wie möglich darauf. Nach kurzer Zeit werden Sie feststellen, dass das Pendel tatsächlich von links nach rechts schwingt. Sie können es natürlich auch von rechts nach links ausprobieren. Funktioniert es auch, wenn Sie sich vorstellen, dass die Kette sich von hinten nach vorne bewegt?

Dieses kleine Experiment zeigt Ihnen, dass die bloße Vorstellung etwas zu tun, ausreicht, um eine entsprechende Handlung auszulösen. Man nennt dies den *Carpenter-Effekt*. Geringfügige Bewegungsimpulse in den Muskeln, die dem Bewusstsein nicht zugänglich sind, sorgen dafür, dass Gedanken und Vorstellungen körperliche Effekte haben. Bei derartigen ideomotorischen Prinzipien handelt es sich um psychische Gesetzmäßigkeiten, die bei nahezu allen Menschen funktionieren. Überdies gibt es noch weitere Effekte, wie das Ideorealgesetz, welches sich sogar auf Gefühlsansteckung, Ausdrucksübertragung,

Suggestion und Hypnose bezieht. Wie Sie sehen, ist es nicht unerheblich, was Sie von und über sich denken, denn Körper und Verhalten reagieren entsprechend, ohne dass es Ihnen selbst bewusst ist! In Bezug auf Ihr Selbstbewusstsein bedeutet dies, dass Ihr Wissen über sich selbst Ihnen vielleicht die Augen geöffnet hat, aber solange die Gefühle nicht aus vollem Herzen „Ja, prima!" sagen, ist es nur die halbe Miete.

Der Psychologe Nathaniel Branden nennt sechs Säulen des Selbstwertgefühls, deren Stärkung Sie dabei unterstützen wird, authentische Selbstsicherheit und ein positives Selbstwertgefühl aufzubauen, um aus vollem Herzen „Ja" zu sich selbst sagen zu können:

— *Bewusstes Leben:* Alle Handlungen, Absichten, Gefühle und Werte bewusst machen. Die Realität erkennen und akzeptieren. Nichts verdrängen.

— *Selbstannahme:* Ich nehme mich, so wie ich bin. Ich nehme auch meine Fehler, Schwächen und Macken an.

— *Eigenverantwortliches Leben:* Ich selbst steuere und kontrolliere mein Leben.

— *Selbstsicheres Behaupten der eigenen Person:* Ich muss anderen nicht zwingend gefallen, sondern bleibe mir selbst treu.

— *Zielgerichtetes Leben:* Eigene Ziele stecken und die vorhandenen Ressourcen einsetzen, um diese Ziele auch zu erreichen.

— *Persönliche Integrität:* Immer authentisch bleiben, auch wenn es mitunter unbequem und unangenehm ist.

Übung 1, 2, 3, 4, 5, 6, 18, 19, 20 und 21

Potenzial entdecken und entfalten

Jeder Mensch trägt ein besonderes Potenzial in sich, das sich entfalten möchte. Leider schöpfen nur wenige Menschen dieses Potenzial voll aus und das wunderte den Psychologen Abraham Maslow so sehr, dass er mehr über die Gründe dieses seltsamen Verhaltens erfahren wollte. Die meisten Menschen möchten nämlich gerne über sich hinauswachsen, sie tun jedoch das Gegenteil und bleiben hinter ihren Möglichkeiten zurück. Maslow fragte sich daraufhin, was ungewöhnliche Menschen vom sogenannten Normalbürger unterscheidet, denn er wollte wissen, ob es etwas gab, was diese Unterschiede rechtfertigte.

Bei seinen Untersuchungen entdeckte er tatsächlich etwas und nannte es den *Jonas-Komplex*. Der *Jonas-Komplex* bezeichnet die menschliche Furcht vor der eigenen Größe oder das Meiden des wahren Schicksals oder einer Berufung. Maslow beobachtete, dass Menschen die Tendenz haben, das Beste an sich ebenso zu fürchten wie das Schlechteste. Weiterhin fand er heraus, dass wir oftmals nicht allzu sehr auffallen wollen und Angst haben, als unbescheiden zu gelten. Wir stellen unser Licht unter den Scheffel und vermeiden das Streben nach Größe, weil Bescheidenheit in unserem Kulturkreis als eine Tugend gilt und wir nicht als unbescheiden gelten möchten! Ich denke, hier gilt es das rechte Maß zu finden, denn allzu viel Bescheidenheit hindert uns daran, zu zeigen und auszuleben, was in uns steckt.

> „Dies geht an die Verrückten, die Unangepassten, die Rebellen, die Unruhestifter, die runden Stifte in den quadratischen Löchern ... diejenigen, die Dinge anders sehen – sie mögen keine Regeln. Du kannst sie zitieren, eine andere Meinung haben als sie, sie glorifizieren oder verdammen. Aber das Einzige, was du nicht machen kannst, ist sie zu ignorieren. Denn sie verändern die Dinge ... sie bringen die Menschheit voran, und während einige sie als die Verrückten sehen mögen, sehen wir ihr Genie. Denn diejenigen, die verrückt genug sind, zu denken, dass sie die Welt verändern könnten, sind diejenigen, die es tun."
> *Steve Jobs*

Sagen Sie mutig „Ja" zu sich und Ihren Fähigkeiten! Damit dies gelingt, können wir Menschen auf eine besondere Emotion zurückgreifen: den Mut. Mit Mut traut man sich etwas zu und wagt etwas, deshalb spricht man manchmal auch von Wagemut. Machen Sie Gebrauch von Ihrem Mut und aktivieren Sie dieses Gefühl mit einem Mutmachsatz. Haben Sie einen eigenen Mutmachsatz, etwas, das Sie inspiriert? Ein sehr mutmachender persönlicher Satz stammt von dem verstorbenen Steve Jobs, dem Begründer von Apple (s. S. 84).

Ich finde, diese Zeilen machen Mut zum Anderssein und zeigen, dass wir selbstbewusst gegen den Strom schwimmen können, um unsere besonderen Anlagen zur Entfaltung kommen zu lassen. Ich möchte Sie ermutigen, sich selbst etwas Gutes tun, indem Sie gezielte Mutmach-Übungen in Ihren Tagesablauf einbauen.

> Übungen 1, 2, 3, 4, 5, 6, 18, 19, 20 und 21

Glück, Erfolg & Wohlbefinden

Ich denke, jeder Mensch möchte glücklich sein, Erfolg haben und sich wohlfühlen. Das alles ist jedoch nicht zwangsläufig mit einer großartigen Karriere und viel Geld verbunden, denn wir können auch zufrieden sein, wenn materielle Dinge nicht im Vordergrund stehen. Umgekehrt bedeutet finanzieller Wohlstand auch nicht zwangsläufig Glück, Erfolg und Wohlbefinden, denn aus der Geschichte wissen wir, dass viele reiche Menschen sehr unglücklich mit Ihrem Leben waren. Es muss also noch etwas anderes geben, was uns aufblühen lässt, und das heißt: Sinn.

Haben Sie schon einmal darüber nachgedacht, was der Sinn Ihres Lebens ist? Zugegeben, keine leichte Frage, aber es muss keine Frage bleiben. Wir Menschen sind nämlich in der Lage, unserem Leben einen Sinn zu geben und müssen nicht darauf warten, dass er zu uns kommt. Wir können also etwas tun und in diesem Punkt bekommt ein eher philosophisches Thema praktische psychologische Relevanz für unser Leben. Die moderne Forschung hat herausgefun-

> „Fakt ist jedoch, dass wir unserem Leben einen Sinn geben sollten."
> *Viktor Frankl*

den, dass Sinn etwas mit unserem psychischen Wohlbefinden zu tun hat. Schon um die Mitte des letzten Jahrhunderts entwickelte der österreichische Neurologe und Psychiater Viktor Frankl aus dieser Erkenntnis eine Therapieform, die sogenannte Logotherapie als

Dritte Wiener Schule der Psychotherapie. Die Logotherapie geht davon aus, dass für den Menschen drei Dinge wesentlich sind:

— Die Freiheit des Willens
— Der Wille zum Sinn
— Der Sinn im Leben

Wir Menschen sind nämlich nicht nur grundsätzlich frei, sondern in erster Linie frei auf ein bestimmtes Ziel hin. Wir möchten gestalten und unser Potenzial umsetzen und dabei ist die Suche nach Sinn als Grundmotivation zu verstehen. Wird unser Wille zum Sinn behindert, dann entstehen bedrückende Sinn- und Wertlosigkeitsgefühle. Dies kann zu Aggressionen, Sucht, Depressionen, Verzweiflung und Lebensmüdigkeit führen und auch psychosomatische Krankheiten und neurotische Störungen auslösen oder verstärken. Sinn hat eine wesentlich gesundheitliche Komponente und auch die moderne Psychologie kommt zu dem Schluss, dass insbesondere der Lebenssinn eine große Bedeutung für uns hat. Empfinden wir das eigene Leben als sinnlos, dann raubt uns das jegliche Energien. Tatjana Schnell von der Universität Innsbruck hat sich der Sinnforschung verschrieben und fand fünf Bereiche, in denen wir Menschen Sinn finden können:

— Selbsttranszendenz (vertikal)
— Selbsttranszendenz (horizontal)
— Selbstverwirklichung
— Wir- und Wohlgefühl
— Ordnung

Diesen fünf Bereichen werden 26 Lebensbedeutungen zugeordnet, die für uns Menschen eine wichtige Rolle spielen. Tatjana Schnell hat zu diesem Thema einen Test („LEBE") entwickelt, der die augenblickliche Sinn-Situation identifiziert und gleichzeitig Ressourcen aufdeckt und anzeigt, wo sich Potenziale verstecken. Einige dieser Ressourcen finden sich auch in den Silencer-Übungen wieder und ich bin sicher, dass auch für Sie etwas Sinnvolles dabei sein wird.

Übungen 1, 2, 3, 4, 5, 6 und 40

Praktische Übungen

Übungen

Übung 1: Rettungsanker Aufmerksamkeit

Zunächst einmal möchte ich Sie mit etwas Grundsätzlichem vertraut machen, bevor wir mit der Grundübung beginnen. Sie finden in diesem Kapitel wichtige Informationen zu Ihrem „Rettungsanker Aufmerksamkeit" und ich möchte Sie ermutigen, darauf zu achten, wie Sie mit Ihrer Aufmerksamkeit umgehen. Zu diesem Zweck schauen wir uns zunächst an, wie unser Gehirn mit der Masse an Reizen, die uns ständig umgibt, fertig wird. Es nutzt nämlich von Natur aus eingebaute Filter, um die Reizüberflutung zu bewältigen. Ein großer Teil der Reize wird bereits weggefiltert, ohne dass wir es merken, aber auch später noch gibt es verschiedene Instanzen, die Reize aussortieren. Eine ganz wichtige stelle ich Ihnen nun vor: die Aufmerksamkeit.

Vergleichen Sie die Aufmerksamkeit mit dem Lichtkegel einer Taschenlampe oder eines Scheinwerfers. Stellen Sie sich zu diesem Zweck vor, Sie gehen durch die stockfinstere Nacht. Sie werden nur das sehen, was sich im Lichtkegel Ihres Scheinwerfers befindet, alles andere bleibt unsichtbar und ist sozusagen nicht vorhanden. Stellen Sie sich nun weiterhin vor, Sie haben Ihren Haustürschlüssel verloren und suchen ihn. Was muss passieren? Genau, das Licht Ihrer Lampe muss auf den Schlüssel treffen, sonst werden sie ihn in der Dunkelheit nicht entdecken können. Vielleicht liegt er ja genau einen Zentimeter von Ihren Füßen entfernt, aber solange er im Dunkeln ist, werden Sie ihn nicht wahrnehmen können. So wie dieser Lichtkegel der Taschenlampe die Dinge beleuchtet und uns wahrnehmen lässt, agiert auch unsere Aufmerksamkeit. Sie lässt uns nur das erkennen, was in ihrem Zentrum bzw. Feld ist. Damit haben wir einerseits die Fähigkeit, den größten Teil an Umweltreizen zu filtern, und andererseits die Möglichkeit, uns auf Dinge zu konzentrieren.

Und nun kommt der Clou:

Unsere Aufmerksamkeit ist steuerbar; genauso wie sich ein Scheinwerfer in alle Richtungen drehen lässt, so lässt sich auch der Lichtkegel unserer Aufmerksamkeit in alle Richtungen schwenken. Wenn das, was ich gerade wahrnehme, mir „zuviel" wird, lenke ich meine Aufmerksamkeit einfach von dieser Quelle weg. Ein Beispiel hierfür ist das Ticken einer Uhr, das immer lauter zu werden scheint. Es drückt meine Stimmung und irritiert mich nicht nur, sondern bringt mein Nervenkostüm zum Erliegen. Beiße ich in dieser Situation allerdings in eine scharfe Chilischote, ist das Ticken der Uhr garantiert nicht mehr zu hören! Zugegeben, ein heftiges Beispiel, es stammt allerdings nicht aus meinem Erfahrungsschatz, sondern gründet sich auf Empfehlungen aus der DBT (Dialektisch Behavioralen Therapie).

Mit diesem Prinzip haben Sie schon die erste Steuerfunktion Ihrer Aufmerksamkeit kennengelernt. Doch es gibt noch eine weitere: Wir können den Lichtkegel unserer Aufmerksamkeit vergrößern und verkleinern! Auch dieses Prinzip kennen wir von einem Scheinwerfer, wie bei einer Taschenlampe, deren Kopf eine Drehfunktion hat. So lässt sich das Licht bündeln und ein schmaler, aber sehr heller Ausschnitt produzieren, oder wahlweise das Licht streuen und ein breiter, aber weniger heller Ausschnitt erzeugen.

Auf unsere Aufmerksamkeit übertragen bedeutet das, dass wir im Falle der Verkleinerung von Konzentration sprechen und im Falle der Vergrößerung meinen wir Entspannung. Wir können dies auch mit einem Kameraobjektiv vergleichen, mit dessen Hilfe sich das Bild scharf stellen lässt. Wenn wir etwas genau und aufmerksam betrachten wollen, spricht man im übertragenen Sinne ganz passend von Fokussieren. Wir können dies bis zu einem Zustand steigern, den man als Hyperfokus bezeichnet. Hyperfokussieren wir, scheint es, als wären wir der Welt entrückt und nur diese eine Sache oder diese eine

Tätigkeit spiele noch eine Rolle. Aus Sicht der Wahrnehmung haben wir es dann geschafft, alles andere auszublenden bzw. zu filtern.

Vergrößern wir den Lichtkegel unserer Aufmerksamkeit allerdings, dann sprechen wir von Entspannung, aber auch von Unkonzentriertheit. Wir saugen in diesen Momenten alles auf, wie ein Schwamm. Wir sind permanent auf Empfang und dieser Zustand hat nichts mit normaler Entspannung zu tun, denn nur die Aufmerksamkeit ist entspannt, wir selbst fühlen uns unter Umständen von Reizen überflutet und gestresst. In solchen Momenten möchten wir alles wahrnehmen, was um uns herum ist. Wir „scannen" die Umgebung, weil es unser natürliches Bedürfnis ist. Haben wir diesen Zustand einmal erreicht, dann kann es sein, dass der Lichtkegel unserer Aufmerksamkeit sich abwechselnd verkleinert (um Details wahrzunehmen) und vergrößert (um nach dem nächsten Objekt zu schauen und den Kontext nicht aus den Augen zu verlieren). Unsere Aufmerksamkeit „hüpft" und wenn dieser Zustand länger andauert, sind wir am Ende völlig geschafft, um nicht zu sagen regelrecht ent-nervt.

Die Lösung für diese Probleme ist in unserer Aufmerksamkeit begründet, sie ist unser Rettungsanker. Prinzipiell gilt es also, die passende Einstellung der Aufmerksamkeit für die jeweilige Situation zu finden. Es geht auch darum, die automatischen Einstellungen und Prozesse abzufangen und aktiv und bewusst zu steuern. Hier unterstützt Sie der Silencer, denn er nutzt die Prinzipien unserer Wahrnehmung und hilft Ihnen dabei, aktiv und bewusst Reize zuzulassen oder zu filtern. Je häufiger sie üben, desto besser und leichter wird es ihnen fallen. Haben Sie sich schon einmal gefragt, welche Art von Wahrnehmungszustand Sie anstreben möchten? Wir haben eine Fülle von „Einstellungen", nutzen diese jedoch nur zu einem sehr geringen Teil auch bewusst.

Übung 2: Erste Schritte

Der Einstieg in das geistige Training dürfte Ihnen nicht schwer fallen, denn ich möchte Sie dazu ermutigen, Ihren Silencer bei sich zu tragen. Nutzen Sie ihn als Armband, sodass Ihr Blick im Lauf des Tages immer wieder darauf fällt und Sie an Ihre Übungen erinnert.

Das erste Ziel besteht nun darin, sich aneinander zu gewöhnen, in der Psychologie spricht man von Habitualisierung. Das ist wichtig, denn der Silencer soll kein Fremdkörper sein, sondern ganz selbstverständlich zu Ihnen gehören! Die Alternative besteht darin, Ihre Perlen der Stille an einen bestimmten Platz zu legen, an dem Sie sich oft aufhalten. Dies kann der Schreibtisch, die Handtasche, eine Innentasche Ihrer Kleidung, oder Ihr Arbeitsplatz im Allgemeinen sein. Machen Sie den Silencer zu Ihrem persönlichen Begleiter, ob als Retter in der Not, als Talisman, als „Trainingsgerät" für Ihre Übungen und als Erinnerung an Ihre geistige Kraft!

Übung 3: Grundübung

Bevor wir mit der Grundübung starten, empfehle ich Ihnen, möglichst drei Mal täglich zu üben. Nach oben sind keine Grenzen gesetzt; je öfter Sie üben, desto besser! Als Einstieg hat sich ein Rhythmus aus dreimal täglichem Üben bewährt. Die einfachste Einteilung ist morgens, mittags und abends. Auch dies ist eine Sache der Gewöhnung und nach einiger Zeit werden Sie feststellen, dass die täglichen Übungen ganz selbstverständlich zu Ihrem Tagesablauf gehören. Nehmen Sie sich nicht zuviel vor, sondern teilen Sie Ihr Vorhaben in kleine, machbare Schritte auf. Hilfreich ist in diesem Zusammenhang, nur den aktuellen Tag im Blick zu haben und nicht auch noch die Planung für den nächsten Tag, die kommenden Woche oder den nächsten Monat vorzunehmen.

Die erste Trainingssequenz für den *heutigen* Tag startet also am Morgen, z. B. nach dem Frühstück. Je nach Übung und persönlichem

Empfinden können Sie selbstverständlich auch im Bett direkt nach dem Aufwachen beginnen; Sie sind hier völlig frei, es gibt keine richtige oder falsche Vorgehensweise. Wenn Sie morgens gestresst und in Zeitnot sind, dann sollten Sie versuchen, etwas früher aufzustehen. Ihr Körper und Ihr Geist werden es Ihnen danken. Später können Sie vielleicht Ihre Mittagspause nutzen, oder sich nach der Mahlzeit eine kleine Auszeit gönnen. Am Abend obliegt es ganz Ihnen, wann Sie üben möchten: direkt nach der Arbeit, nach dem Essen, wenn Sie Ihre Kinder zu Bett gebracht haben oder bevor Sie den Fernseher einschalten und zum gemütlichen Teil des Tages übergehen. Versuchen Sie jedoch, bestimmte Zeiten oder feste Gegebenheiten einzuhalten, damit sich ein Ritual entwickeln kann.

Nehmen Sie eine bequeme Haltung ein und versuchen Sie möglichst, Störungen durch Geräusche und andere Menschen zu vermeiden. Schalten Sie zum Beispiel auch das Telefon einige Minuten aus, denn länger brauchen Sie in der ersten Woche nicht. Bequemlichkeit (soweit es geht), ist ebenfalls eine gute Voraussetzung, um sich zu entspannen und fünf Minuten ganz alleine für sich haben.

Nehmen Sie Ihren Silencer in die Hand und schließen Sie die Augen. Rechtshänder bevorzugen meist die rechte, Linkshänger die linke Hand. Gehen Sie mit den Fingern bewusst Perle für Perle ab. Benutzen Sie dafür Daumen und Zeigefinger. Erfahrene Anwender können auch andere Finger ausprobieren, das macht das Ganze schwieriger, steigert das Anregungspotenzial oder intensiviert das Training. Ich empfehle Ihnen, mit der einfachen Variante zu starten und nur bei speziellen Übungen den Schwierigkeitsgrad zu steigern. Hierzu finden Sie in den jeweiligen Anleitungen die entsprechenden Hinweise.

Nun geht es aber zuerst einmal darum, Ihren ganz persönlichen Silencer kennen zu lernen und auf Ihre Aufmerksamkeit zu achten. Können Sie bei den Perlen „bleiben" und Stück für Stück störende Gedanken und Gefühle ausblenden? Das Prinzip ist recht einfach, denn es geht nicht darum, *gegen* etwas anzukämpfen, sondern vielmehr die Aufmerksamkeit und Konzentration so auf die Perlen zu richten, dass alles andere verblasst. Wie fühlt sich das an? Was passiert dabei? Versuchen Sie alles zu registrieren, setzen Sie sich aber bitte nicht unter Druck, sondern versuchen Sie es spielerisch. Ihre Aufmerksamkeit wird Ihnen entgleiten und sich auf andere Dinge richten, vielleicht hören Sie ein Geräusch oder verfolgen einen Gedanken. Das ist nicht schlimm. Nehmen Sie es ganz neutral an und kehren Sie wieder zur Wahrnehmung der Perlen zurück. Versuchen Sie so unbefangen wie ein Kind zu sein und machen Sie sich bitte nicht zu viele Gedanken. Oftmals meinen wir, etwas *muss* auf eine bestimmte Art und Weise und in einer bestimmten Zeit funktionieren, aber ich kann Ihnen versichern, dass Sie bei dieser Übung nichts *müssen*. Befreien Sie sich von diesem Zwang und lernen Sie die

Steuerfunktion Ihrer Aufmerksamkeit kennen! Dreimal täglich fünf Minuten reichen aus, um mehr und mehr den Zustand der inneren Mitte zu erfahren und die Kraft, die darin begründet liegt, zu aktivieren. Akzeptieren Sie, dass Ihre Aufmerksamkeit es nicht gewohnt ist, dass Sie ihr vorschreiben, was sie tun soll. Sie wird Ihnen immer wieder entgleiten. Haben Sie Geduld und lenken Sie Ihre Aufmerksamkeit wieder sanft zu den Perlen zurück, und Sie werden sehen, dass es immer besser und leichter geht. Lassen Sie sich Zeit, die Besonderheiten jeder Kugel zu entdecken, bevor Sie zur nächsten Perle übergehen und sie abtasten. Gibt es Unebenheiten? Fühlt sie sich warm oder kalt an? Ist sie glatt oder gibt es raue Stellen? Sind Ihre Finger entspannt oder etwas verkrampft? Was geschieht, wenn Sie Ihre Augen öffnen? Können Sie Ihre innere Mitte spüren und störende Gedanken und Gefühle für einen kurzen Moment ausblenden? Wenn das gut klappt, dann können Sie nach ein bis zwei Wochen Ihre Trainingszeit auf dreimal täglich zehn Minuten ausdehnen, anschließend auf 15 Minuten, dann 20 Minuten usw.

Übung 4: Für Fortgeschrittene

Kommen Sie mit den ersten beiden Übungen gut zurecht, dann können Sie ausprobieren, wie es ist, wenn im Hintergrund zum Beispiel der Fernseher oder das Radio läuft. Beginnen Sie auch hier mit kleinen Schritten und wählen Sie eine kurze Übungszeit und eine schwache Lautstärke. Gelingt es Ihnen, Ihre Aufmerksamkeit bei den Perlen zu halten und zu fokussieren? Können Sie Geräusche leiser werden lassen oder sie sogar ganz ausblenden? Wie lange können Sie diesen Zustand aufrechterhalten? Versuchen Sie zu schätzen, wie viele Perlen „weit" Sie kommen und notieren Sie die Anzahl. In den darauffolgenden Wochen können Sie so Ihre Fortschritte überprüfen und sehen, dass die Steuerung Ihrer Aufmerksamkeit immer besser funktioniert. Auch hier gilt: nach oben sind keine Grenzen gesetzt. Vielleicht möchten Sie auch herausfinden, was passiert, wenn Sie die

Lautstärke steigern? Vermutlich wird Ihnen dies am Anfang nicht zu Ihrer Zufriedenheit gelingen, aber das ist nicht schlimm und außerdem völlig normal. Wenn Sie unsicher sind, wiederholen Sie die Übungen ohne Hintergrundgeräusche, und zwar so lange, bis Sie sich gewappnet fühlen, um sie wieder schwieriger werden zu lassen. Trainieren Sie die ersten Schritte zu Hause und/oder an einem relativ geschützten Ort, wie eingangs beschrieben, und vielleicht gelingt es Ihnen auch noch, dabei zu lächeln.

Übung 5: Mit beiden Händen trainieren

Haben Sie die ersten Schritte mit Bravour gemeistert? Das ist hervorragend! Nun können Sie eine alternative Handhabung des Silencers ausprobieren.

Legen Sie dazu Ihre Hände aufrecht in den Schoß und machen Sie eine lockere Faust. Nun benutzen Sie Daumen und Zeigefinger von beiden Händen und lassen die einzelnen Perlen von einer Hand in die andere wandern. Die Richtung, also von rechts nach links oder umgekehrt, spielt keine Rolle und richtet sich nach Ihrem persönlichen Empfinden. Wahlweise kann die Kette über einem Handrücken geführt werden (wie in der Abbildung zu sehen), oder innerhalb der Fäuste nach unten hängen.

Diese Handhabung kann etwas entspannter sein, weil die Hände im Schoß liegen. Diese Übung dient in der Hauptsache dazu, mit geöffneten Augen zu üben, denn das bewährt sich an öffentlichen Plätzen, etwa in öffentlichen Verkehrsmitteln, im Klassenzimmer, auf einer Familienfeier, während einer Veranstaltung, oder im Wartezimmer einer Arztpraxis. Sie können Ihre Aufmerksamkeit relativ dezent und trotzdem aktiv steuern und so Außenreize filtern und sich beruhigen.

Übung 6: Aufmerksamkeit teilen

In den Informationen zum „Rettungsanker Aufmerksamkeit" und in den darauffolgenden Übungen ging es hauptsächlich darum, den Lichtkegel der Aufmerksamkeit in eine bestimmte Richtung zu lenken und gegebenenfalls groß und wieder klein werden zu lassen. Nun gilt es, eine weitere Funktion zu üben, indem das Scheinwerferlicht – also die Aufmerksamkeit – geteilt wird.

Bleiben wir bei dem Beispiel mit der Taschenlampe. Ich bitte Sie nun, sich vorzustellen, dass Ihre Aufmerksamkeit sich in zwei Taschenlampen aufteilen lässt. Würden Sie durch die stockfinstere

Nacht laufen, könnte eine Taschenlampe den Weg vor Ihren Füßen beleuchten, die andere „Lampe" könnte ein Handy in Ihrer Hand bedienen. Ihre Aufmerksamkeit wäre nun in zwei Hälften geteilt und für die einzelnen Wahrnehmungen stünde ihr nur ein begrenztes Reservoir zur Verfügung. Ihre Aufmerksamkeit soll allerdings nicht zwischen zwei Objekten wechseln, sondern vielmehr einen stabilen Grundzustand aufbauen. Umgangssprachlich nennt man das „mit halbem Ohr zuhören". Es geht bei dieser Übung darum, bewusst diejenigen Reize zu filtern, die Sie belasten, indem ein Teil der Aufmerksamkeit noch auf etwas anderes gerichtet wird (was allerdings nicht zu kompliziert sein bzw. nicht zu viel Aufmerksamkeit beanspruchen darf).

Manchmal nutzen wir Menschen dieses Prinzip instinktiv, indem wir uns z. B. in die Innenwelt zurückziehen. Unter Umständen stoßen wir in solch einem Zustand mit jemandem zusammen, stehen vor dem falschen Auto oder rechtfertigen uns mit den Worten: „Tut mir leid. Ich war ganz in Gedanken". Besonders Wahrnehmungsbegabte kennen derartige Mechanismen zur Bewältigung recht gut, indem sie beispielsweise bei einer Familienfeier während der Gespräche am Bierdeckel knibbeln, an der Tischdecke oder an der eigenen Kleidung zupfen. Kinder zerlegen in der Schule vielleicht den x-ten Radiergummi oder kritzeln Bücher voll. All das wirkt auf unser Umfeld mitunter seltsam und eigenartig, manchmal scheinen die betreffenden Personen sogar der Welt ganz entrückt zu sein. Beides ist nicht wirklich optimal, daher habe ich versucht, mit der Silencer-Kette etwas sozial Akzeptiertes zu entwickeln. In diesem Zusammenhang wurde ich oft schon gefragt, was es mit meiner besonderen Kette auf sich hätte. Ich antworte immer, dass es eine Art Glücksbringer sei und mich beruhige. Nicht selten höre ich dann: „So etwas brauche ich auch!".

Nehmen Sie nun Ihren Silencer in die Hand, oder, wenn Sie mögen, benutzen Sie die Kette in Ihrer Jacken- oder Hosentasche. Ein Teil ihrer Aufmerksamkeit (der erste Scheinwerfer) ist nun auf die Außenwelt gerichtet, der andere Teil ihrer Aufmerksamkeit (der zweite Scheinwerfer) liegt in ihrer Hand. Gehen Sie nun Perle für Perle mit den Fingern ab und versuchen Sie herauszufinden, mit wie viel Aufmerksamkeit Sie dies machen können, sodass gerade noch ein Minimum für die Wahrnehmung der Außenwelt übrig bleibt. Weil dies sehr unterschiedlich sein kann, probieren Sie es ruhig an einem praktischen Beispiel mehrmals aus. Es kann sein, dass Sie der Silencer-Kette mehr Aufmerksamkeit widmen müssen, um sich vor Reizen aus der Außenwelt zu schützen. In diesem Falle können Sie die unterschiedlichen Oberflächen der Perlen bewusster ertasten und sich fragen, was sich gleich oder unterschiedlich anfühlt: Was ist bei der nächsten Perle ganz anders? Wie ist die Temperatur? Verändert sie sich, solange Sie die Perle in ihrer Hand halten? Oder Sie beginnen zu zählen: eins, zwei, drei, vier …

Vergleichen Sie diese Übung mit dem Schlagzeugspielen: Durch Übung hat der Musiker gelernt, die rechte Hand einen anderen Takt als die linke schlagen zu lassen. In einem zweiten Schritt kann die rechte Hand sogar auf einen anderen Resonanzkörper schlagen und beide Hände agieren völlig unabhängig voneinander! Das geht immer schneller, im wahrsten Sinne des Wortes spielerischer, und so verhält es sich auch mit der Aufmerksamkeit. Wir könnten nach einiger Übung mit einem Teil unserer Aufmerksamkeit ein Buch lesen und mit dem anderen Teil die Perlen zählen. Das ist ein hervorragendes Training – probieren Sie es einfach einmal aus.

Übung 7: Stärkung der Stressresilienz

Ziehen wir von einem Tag jene acht Stunden ab, die wir schlafend verbringen, bleiben uns 960 Minuten, die wir bewusst erleben und gestalten können. Die folgende Übung kostet Sie täglich zwei Dinge: jeweils zehn Minuten Ihrer Zeit und Ihre innere Zustimmung. Möchten Sie sich geistige Entspannung gönnen, um Ihre Widerstandskraft gegenüber Stress zu stärken? Ein klares „Ja" ist die Grundvoraussetzung dafür!

Sorgen Sie bitte für eine ruhige Umgebung, oder suchen Sie sich (zumindest für den Anfang) einen ruhigen, möglichst ungestörten Platz. Nehmen Sie eine für Sie bequeme Körperhaltung ein, hier geht es einzig und allein um Ihr subjektives Empfinden! Probieren Sie ruhig verschiedene Haltungen und auch Orte aus, bevor Sie ganz klar sagen können: „Jetzt bin ich ganz locker und nichts an meiner Lage stört mich".

Messen Sie nun, wenn möglich, Ihren Blutdruck vor der Übung und notieren Sie das Ergebnis Ich bin sicher, Sie werden nach der Übung erstaunt über das Ergebnis sein. Falls Sie kein eigenes Messgerät haben, können Sie in der Apotheke nach einem Leihgerät fragen, oder vielleicht gibt es auch jemanden in Ihrem Bekanntenkreis, der eines hat. Eventuell lohnt sich auch die Anschaffung eines eigenen Blutdruckmessgerätes; mittlerweile gibt es gute Geräte zu erschwinglichen Preisen und die Kontrolle des Blutdrucks wirkt wie ein Stressbarometer.

Alternativ dazu können Sie auch ein Smartphone nutzen, um Blutdruck und Pulsfrequenz zu messen. Moderne Geräte bieten mittlerweile eine gute Auswahl an Zubehör und Anwendungen (Apps) an, um zu sehen, wie das Herz seine Arbeit verrichtet.

Nehmen Sie nun Ihren Silencer zur Hand und legen Sie beide Hände in den Schoß, damit auch die Arme und Hände möglichst entspannt sind. Wenn Sie später die Perlen mit den Fingern abgehen, dann benutzen Sie dazu möglichst beide Hände. Versuchen Sie nun, tief in den Bauch einzuatmen, indem Sie durch die Nase Luft holen, sodass der Bauch sich wölbt, und atmen dann wieder aus. Dies ist die gesündeste Form der Atmung und sie wird automatisch (unbewusst) immer dann aktiviert, wenn der Körper entspannt ist, z. B. beim Schlafen. Wir möchten allerdings die Bauchatmung bewusst herbeiführen, um einen möglichst geringen Teil der Atemmuskulatur zu aktivieren. Dadurch verbrauchen wir weniger Energie als bei der Brustatmung.

Atmen Sie also tief durch die Nase in den Bauch hinein und gehen Sie dabei drei Perlen ab. Sie dürfen auch gerne die Augen schließen. Halten Sie anschließend die Luft für weitere drei Perlen an. Jetzt atmen Sie für die Dauer von drei Perlen aus dem Mund hörbar wieder aus, sodass die Bauchwölbung zurückgeht. Danach atmen Sie wieder für drei Perlen durch die Nase ein, halten die Luft für die Länge von drei Perlen an und atmen drei „Perlenlängen" aus dem Mund wieder aus usw. Ich empfehle Ihnen, dreimal täglich drei Durchgänge mit dem Silencer zu trainieren, dies entspricht in etwa den eingangs versprochenen zehn Minuten Ihrer Zeit, die sich lohnen! (Wenn die Zeitspanne von drei Perlen nicht passt, dann versuchen Sie es mit einem wahlweise kürzeren oder längeren Intervall).

Unmittelbar nach der Übung wird es Zeit für die Blutdruck- bzw. Pulskontrolle. Überprüfen Sie, ob Ihre Werte gesunken sind und ob Sie mithilfe Ihres Geistes den Körper in Richtung Ruhe und Ausgeglichenheit beeinflussen konnten. Gleichzeitig haben Sie damit auch etwas für Ihre Verdauung getan. Vielleicht legen Sie sich ein kleines Heftchen an und notieren sich täglich die gemessenen Werte, denn dieses Biofeedback ist gleichzeitig eine gute Motivation für das tägliche Training. So können Sie auch ablesen, welche Fortschritte Sie machen.

Übung 8: Stressresilienz

Atmen Sie durch die Nase in den Bauch ein und gehen Sie dabei so viele Perlen ab, wie es Ihnen angenehm ist. Merken Sie sich diese Anzahl bitte, damit Sie immer in der gleichen Geschwindigkeit einatmen. Atmen Sie anschließend möglichst langsam und konzentriert durch den Mund wieder aus, wobei Sie sich wiederum die Anzahl der abgegangenen Perlen merken. Es dürfen Unterschiede vorhanden sein, z. B. zwei Perlen für die Einatmung und vier Perlen für die Ausatmung. Wichtig bei dieser Übung ist, dass Sie in dem Rhythmus atmen, der Ihnen am angenehmsten ist. Ich empfehle Ihnen, dreimal täglich drei Runden zu üben und das Ganze langsam zu steigern.

> Machen Sie diese Übungen auch einmal bei geöffnetem Fenster oder draußen, wenn es die Witterung erlaubt. Generell sind Frischluftpausen über den Tag verteilt sehr wichtig, um den Kopf wieder klar zu bekommen und geistig wach zu bleiben.

Übung 9: Akute Stresssituationen

Der Silencer soll Ihr Anker sein, wenn es einmal hoch hergeht. Solche Anker verbinden spezifische Reize mit bestimmten Reaktionen und das funktioniert nach lerntheoretischen Gesetzen, für deren Beschreibung Iwan Pawlow im Jahr 1904 den Nobelpreis für Physiologie und Medizin erhielt. Auch die moderne Hinforschung bestätigt, dass das sogenannte Ankern eine höchst effektive Strategie ist, um gezielt ressourcenvolle Zustände herbeiführen zu können.

Im Fall von akuten Stresssituationen besteht Ihre erste Handlung darin, einen ruhigen Platz zu suchen. Das „stille Örtchen" ist oftmals eine elegante Lösung, besonders wenn das Ausmaß des Stresses schon deutliche körperliche Symptome zeigt (Herzrasen, Gesichtströte, Schwitzen).

Schließen Sie die Augen und nehmen Sie den Silencer so in die Hand, wie es Ihnen in dieser Situation angenehm erscheint. Tasten Sie beim Einatmen möglichst zehn Perlen ab und weitere zehn Perlen beim Ausatmen. Wiederholen Sie diese Reihenfolge. Es geht darum, langsam und gleichmäßig zu atmen, um dabei ruhig zu werden. Wenn die Zeitspanne von zehn Kugeln zu hoch ist, dann versuchen Sie es mit einer geringeren Anzahl. Sie können natürlich auch eine höhere Anzahl wählen, wenn es für Sie angenehm ist. Führen Sie die Übung so lange durch, bis Sie eine deutliche Entspannung verspüren und ruhiger sind.

Wiederholen Sie diese Übung täglich, damit der Anker auch dann funktioniert, wenn Sie keine Gelegenheit haben, einen ruhigen Platz aufzusuchen. Verschalten sich im Gehirn die entsprechenden Nervenzellen und hat das Gehirn gelernt, dass der Silencer mit Beruhigung gleichzusetzen ist, dann reicht das bloße Abtasten der Perlen bereits aus, um die gewünschte Entspannungsreaktion einzuleiten.

Übung 10:
Mit HerzIntelligenz® gegen den Stress

Nehmen Sie eine bequeme Sitzhaltung ein und überprüfen Sie Ihren Puls. Sie können ein Blutdruckmessgerät verwenden oder die Impulse an der Innenseite des Handgelenks oder der Halsschlagader zählen. Gemessen wird der Puls in Schlägen pro Minute. Der durchschnittliche Ruhepuls eines Erwachsenen liegt bei etwa 70 Schlägen pro Minute, bei älteren Menschen bei etwa 90 Schlägen, Ausdauersportler haben niedrigere Pulswerte, z. B. 50 Schläge pro Minute.

Nehmen Sie die Silencer-Kette einfach in die Hand und führen Sie sie zum Solarplexus. Das ist der mittlere Bereich zwischen Brust und Magen. Sie können nun gerne die Augen schließen. Konzentrieren Sie sich dabei auf Ihr Herz. Atmen Sie zehn Minuten lang ruhig und tief. Schicken Sie gedanklich Liebe und Wertschätzung in diese Bereiche. Wenn unangenehme Gefühle auftauchen, lassen Sie sie einfach vorüberziehen und kehren Sie wieder zu Ihrem Herzen zurück. Versuchen Sie den gedanklichen Kontakt mit der Weisheit Ihres Herzens nicht abreißen zu lassen, und kehren Sie immer wieder zur Liebe und Wertschätzung zurück, die Sie an Ihr Herz senden.

Ziel dieser Übung ist, Kontakt mit der Intelligenz des Herzens aufzunehmen, es mit der Silencer-Kette zu verbinden und anhand Ihres Pulses zu überprüfen, ob Sie das Stresserleben reduzieren konnten. Messen Sie also nach der Übung Ihren Puls, dann können Sie anhand der Schläge pro Minute ablesen, in welchem Zustand sich Ihr Herz gerade befindet. Experimentieren Sie ruhig ein wenig herum und testen Sie die Übung in verschiedenen Stresssituationen. Die Pulsfrequenz sollte auf jeden Fall sinken, denn dass ist das Ziel der Übung.

Der abschließende Schritt dieser Herzübung besteht darin, ein Gefühl dafür zu bekommen, wie es funktioniert bzw. wie es sich anfühlt. Können Sie mit der Intelligenz des Herzens Kontakt aufnehmen? In stressigen Situationen können Sie die Perlenkette in die Hand nehmen, in das Gefühl von Liebe und Wertschätzung eintauchen und die Intelligenz Ihres Herzens nutzen.

Übung 11: Kleine Auszeit

Wenn wir das Gefühl haben, uns nicht mehr abgrenzen zu können und schutzlos zu sein, dann sind unsere Antennen auf belastenden Empfang eingestellt. Sie sind entweder falsch ausgerichtet, weil z. B. ein störendes Geräusch unsere Aufmerksamkeit fesselt, oder unsere Aufmerksamkeit hat sich von ganz alleine auf das Scannen der Umgebung eingerichtet. Es kann auch sein, dass wir müde sind und deshalb alles wie ein Schwamm aufsaugen, oder wir haben aus anderen Gründen unsere optimale Einstellung verloren.

Kleine Übungen – über den Tag verteilt – helfen uns dabei, in unserer Mitte zu bleiben und die Balance zu halten. Eine kurze Auszeit bietet uns regelmäßig einen schützenden Rahmen und lässt uns durchatmen. Wir merken recht schnell, wie es sich anfühlt, durch Verlagerung der Aufmerksamkeit aktive Kontrolle über die einströmenden Reize zu erlangen, und dieses Gefühl trägt uns eine ganze Weile. So können wir, durch die Wiederholung kurzer Übungen über den Tag verteilt, schneller und besser unsere Grenzen wahren, ohne belastenden Reizen schutzlos ausgeliefert zu sein.

Wir brauchen für die kleine Auszeit eine gute Minute. Nutzen Sie dafür einen Durchgang mit der Silencer-Kette, dies entspricht 50 Perlen. Visualisieren Sie bei jeder Kugel, dass Sie mit beiden Beinen fest auf der Erde stehen und nichts von außen Kommende Sie umstoßen kann. Sie sind durch nichts ins Wanken zu bringen und bleiben fest in Ihrer Balance. Alle Kräfte, die an Ihnen zerren, prallen ab, Sie befinden sich in einem schützenden Kraftfeld, das Ihren Körper umgibt. Versuchen Sie durch die Visualisierungen das Gefühl der Sicherheit und Stärke aufkommen zu lassen. Lassen Sie diese Gefühle sich ausbreiten und tauchen Sie darin ein. Tauchen in der Zwischenzeit andere Bilder und Gefühle auf, dann lassen Sie sie vorüberziehen und kehren Sie wieder zur ursprünglichen Visualisierung zurück. Das Ziel dieser kleinen Übung besteht darin, die Gefühle der Sicherheit und Stärke aufrecht zu erhalten und die Antennen für die Dauer eines Durchgangs auf das Wesentliche auszurichten.

Übung 12: Vorbeugen – die halbe Miete!

Diese Übung trainiert Ihre Emotionsregulation und leitet sich aus dem Training emotionaler Kompetenzen von Prof. Matthias Berking ab. Die Anleitung zu lesen und gleichzeitig entspannt zu üben, gestaltet sich anfangs jedoch nicht ganz so einfach. Gehen Sie es also locker an und rechnen Sie damit, dass es nicht sofort klappen wird. Als Unterstützung finden Sie die Perlenanzahl farbig hervorgehoben, die in der jeweiligen Sequenz als Richtwerte dienen sollen.

Nehmen Sie eine bequeme Haltung ein und benutzen Sie Ihren Silencer so, wie es Ihnen am angenehmsten erscheint. Schließen Sie, wenn möglich, die Augen und lassen Sie die Muskeln locker. Atmen Sie ruhig und gleichmäßig und versuchen Sie bei jedem langsamen Ausatmen die Muskeln noch ein wenig mehr zu lockern. Betrachten Sie Ihren Atem vier bis fünf Atemzüge lang, und zwar so wie er ist, ohne ihn verändern zu wollen.

10 Perlen

Erweitern Sie nun langsam Ihren Fokus und spüren Sie in Ihren Körper hinein. Was können Sie hören? Was können Sie riechen? Welche Gedanken gehen Ihnen durch den Kopf? Welche inneren Bilder sehen Sie? Welche Ziele und Wünsche tauchen auf? Welche Gefühle, welche Stimmungen sind da? Wie geht es Ihnen damit? Wo stehen Sie auf einer Skala von 1 bis 10?

Aktivieren Sie eine akzeptierende Haltung Ihren Gefühlen gegenüber und seien Sie versichert, dass Sie auch negative Gefühle eine Weile aushalten können. Es ist in Ordnung, dass Sie sich derart fühlen, denn alles hat seinen Sinn.

Jeweils 5 Perlen

Stellen Sie sich nun die konkrete Situation vor, die Sie belastet. Versuchen Sie zu erkennen, was genau Sie belastet und wie es sich auf Ihre Haltung und Ihren Gesichtsausruck auswirkt. Lassen Sie ein warmes und kraftvolles Gefühl von Anteilnahme und Mitgefühl sich selbst

gegenüber aufsteigen. Es ist in Ordnung, sich
so zu fühlen. Lächeln Sie.

10 Perlen

Überlegen Sie nun, warum Sie in dieser Situation so reagieren. Was
ist objektiv passiert? Ist es richtig, derart zu reagieren? Haben
Sie ein altes Verhaltensmuster aktiviert? Haben
Sie bewertet? Welche Ziele und Erwartungen
spielten bei dieser Bewertung eine Rolle?

35 Perlen

Verändern Sie dieses Gefühl positiv. Überlegen Sie bitte, wie Sie sich
in dieser Situation lieber fühlen wollen. Was wäre Ihr Zielgefühl? Was
können Sie tun, um dieses Zielgefühl zu aktivieren? Mit welchen
Bewertungen können Sie das Zielgefühl akti-
vieren? Wie würde das neue Muster aussehen,
das Sie in dieser Situation einüben könnten?

50 Perlen

Machen Sie sich in Ihrer Vorstellung einen Plan, wie Sie vorgehen
wollen. Prüfen Sie, ob Sie Ihrem Zielgefühl
schon näher gekommen sind. Nehmen Sie sich
ein wenig Zeit, die beste Strategie zu finden.

50 Perlen

Kommen Sie langsam aus der Übung zurück und machen Sie sich
bewusst, dass Sie Ideen entwickelt haben, um Ihre Gefühlssituation
positiv beeinflussen zu können. Seien Sie stolz auf sich und gönnen
Sie sich eine gute Portion Freude. Beenden Sie die Übung damit, dass
Sie sich überlegen, mit welchen Kompetenzen und Stärken Sie dazu
beigetragen haben, damit diese positive Situa-
tion entstehen konnte. Lächeln Sie und spüren
Sie dem guten Gefühl nach.

40 Perlen

Recken und strecken Sie sich zum Abschluss
und nehmen Sie noch einmal einen tiefen,
friedvollen Atemzug.

35 Perlen

Übung 13: Mit 3:1 durch den Tag

Die Psychologin Barbara I. Fredrickson machte gemeinsam mit einem Mathematiker eine aufregende Entdeckung: Sie fanden heraus, dass ein Quotient von drei zu eins eine Art universelles Grundmuster zu sein scheint. Ob in der Mathematik, in der Psychologie, oder sogar bei Segelbooten* – 3:1 scheint immer richtig zu sein.

Im Hinblick auf unsere Gefühlswelt fand Fredrickson heraus, dass über den Tag verteilt ein Anteil sogenannter negativer Gefühle zu drei Anteilen positiver Gefühle genau die richtige Mischung sei, um sich wohlzufühlen, gesund zu sein und zu wachsen. Sie betrachtet das Verhältnis von positiven und negativen Gefühlen als Balance zwischen einer Art Schwerelosigkeit und Schwerkraft. Die Schwerelosigkeit ist eine unsichtbare Kraft, die uns in die Höhe hebt, während die Schwerkraft uns zu Boden zieht. Zu viel Schwerelosigkeit lässt uns davonfliegen, wir verlieren die Bodenhaftung und so den Kontakt zur Realität. Zu viel Schwerkraft allerdings lässt uns zu einem „Häuflein Elend" zusammensinken. Im Kapitel über die Angst hatten wir bereits festgestellt, dass jede Emotion ihren Sinn hat und es nicht darum gehen kann, nur positive Gefühle zu haben. Auf die richtige Mischung kommt es an und wir können selbst dafür sorgen, am Ende des Tages auf einen durchschnittlichen Quotienten von 3:1 zu kommen. Im Prinzip ist das nichts anderes, als auf unseren Kontostand zu achten, auf unsere Kinder achtzugeben oder unsere Gesundheit im Blick zu haben. Es geht also gar nicht darum, *kein* Geld mehr auszugeben, den Kindern den Computer *generell* zu verbieten oder *alle* Süßigkeiten zu streichen. Es geht um das richtige Maß – und so verhält es sich auch mit unserer Gedanken- und Gefühlswelt.

Versuchen Sie einmal am Ende des Tages Ihren Quotienten zu bestimmen. Listen Sie dazu Ihre positiven und negativen Gefühle auf und bestimmen sie deren Verhältnis zueinander. Wie oft haben Sie sich geärgert? Haben Sie sich gefreut, waren Sie ausgelassen? Hatten

* Nach Fredrickson beträgt bei Segelbooten das Verhältnis vom Mast zum Kiel ungefähr 3:1.

Sie Stress oder fühlten Sie sich überfordert? Waren Sie fröhlich, dankbar und hatten Sie Selbstvertrauen? Haben Sie sich schuldig gefühlt? Waren Sie in Sorge? Haben Sie Liebe, Vertrauen und Nähe empfunden? Wie würden Sie den Tag im Allgemeinen einschätzen? Eher gut oder eher schlecht? Wie schätzen Sie Ihren Quotienten in einer durchschnittlichen Woche ein?

> Unsere Gefühle bestimmen unsere Gedanken.
>
> Unsere Gedanken bestimmen unsere Gefühle.

Prima! Nun haben Sie schon den ersten Teil der 3:1-Übung absolviert, denn Sie haben auf das Verhältnis von positiven und negativen Gefühlen geachtet. Im übertragenen Sinne haben Sie einen „Kontoauszug" geholt, um einen Überblick zu bekommen. Ich bitte Sie nun, diesen Kontoauszug etwas näher zu betrachten: Entdecken Sie wiederkehrende Muster, die Ihnen negative Gefühle bescheren? Suchen Sie sich eine Beispielsituation aus und argumentieren Sie gegen die negativen Gedanken. Bedenken Sie bitte nur die Fakten und fragen Sie sich, was überhaupt der Auslöser war? Überprüfen Sie die Tatsachen nochmals; geben Sie sich hierfür ausreichend Zeit. Hinterfragen Sie Ihre Gefühlsreaktion. Gibt es nur diese eine Perspektive und ist sie wirklich in Stein gemeißelt?

Sie können alternativ (oder ergänzend) dazu auch die Hinterfragungsmethode *The Work* der Autorin Byron Katie ausprobieren. Auch Sie geht davon aus, dass wir leiden, wenn wir einen stressbehafteten Gedanken glauben, und dass wir nicht leiden, wenn wir diesen Gedanken hinterfragen. *The Work* postuliert vier Fragen:

- Ist das wahr?
- Können Sie mit absoluter Sicherheit wissen, dass das wahr ist?
- Wie reagieren Sie, wenn Sie diesen Gedanken glauben?
- Wer wären Sie ohne diesen Gedanken?

Nach Beantwortung dieser Fragen schlägt *The Work* Umkehrungssätze vor. Die Aussagen können ins Gegenteil gedreht, aber auch auf andere Person sowie auf sich selbst bezogen werden. Konnten Sie feststellen, dass Ihre negativen Gefühle sich auflösen lassen, wenn Sie sie hinterfragen? Manchmal hilft auch eine Sichtweise von „weiter oben", indem man sich gedanklich auf einen Berg begibt und die Auslöser der negativen Emotionen mit einem „Fernglas" betrachtet. Probieren Sie verschiedene Methoden aus und entscheiden sich dann für Ihren Favoriten. Jetzt geht es nur noch darum, das Hinterfragen bzw. Gegenargumentieren auf Alltagssituationen zu übertragen, um möglichst mit 3:1 durch den Tag zu gehen.

Tragen Sie dazu Ihre Silencer-Kette bei sich, entweder als Armband oder in Ihrer Tasche, und nehmen Sie sie immer in die Hand, wenn Sie etwa Negatives spüren. Bitte immer! Das ist sehr wichtig bei dieser Übung.

Sie brauchen die Kette nur in Ihrer Hand zu halten und diejenige Methode anzuwenden, für die Sie sich entschieden haben. Es geht darum, negative Gefühle aufzulösen, um den positiven Emotionen mehr Raum zu geben. Auch bei Freude und besonders schönen Gefühlen können Sie Ihren Silencer in die Hand nehmen, innehalten und die Gefühle sich ausbreiten lassen.

Übung 14: Wenn es brennt!

Wenn die Gefühle überschießen, befindet sich unser Körper, aber vor allem unser Gehirn, bereits im Ausnahmezustand. Wir können dann nur ganz einfache und simple Maßnahmen ergreifen, denn höhere Leistungen sind kaum mehr möglich. Benutzen Sie Ihren Silencer als Anker und lassen Sie dies durch regelmäßige Übung zur Routine werden. Es geht darum, eine Verknüpfung herzustellen, nämlich: Intensive Emotionen = Silencer-Kette.

Im Zustand intensiver Emotionen ist Ihr Gehirn nicht mehr zu komplexen Leistungen fähig! Deshalb ist es wichtig, Ihre Verknüpfung oder Reaktion zu automatisieren (also ohne Nachdenken bzw. Gehirnleistung).

Intensive Emotionen = Silencer-Kette

Das klingt zwar simpel, braucht aber etwas Übung. Ein weiterer, sehr wichtiger Aspekt kommt mit dem Training ebenfalls in Gang: Mit der Zeit entsteht nämlich ein Gefühl der Zuversicht und des Vertrauens. Zuversicht und Vertrauen sind wichtige Gegengefühle der Unsicherheit und Hilflosigkeit, denn wir brauchen diese Gefühle, damit keine Angst entsteht. Angst kann sich immer dann ausbreiten, wenn wir denken: „Ich bin der Situation nicht gewachsen!" oder „Ich kann sowieso nichts tun!". Es ist also sehr wichtig, Zuversicht und Vertrauen zu trainieren, damit am Ende keine Angst vor der Angst entsteht!

Ihre Silencer-Kette hilft Ihnen sicher durch den Sturm der Gefühle, wenn Sie bereit sind, sich darauf einzulassen. Ein klares „Ja" ist ein sehr guter Anfang!

Zunächst geht es darum, die Emotionen abzufangen und die Negativspirale zu stoppen, damit der Kreislauf unterbrochen wird. Dazu nutzen wir folgende Strategie: Wir haben gesehen, dass intensive Emotionen den Atem schneller und unruhiger werden lassen und wir können mithilfe unserer Perlenkette diesen Prozess sehr leicht abfangen und umkehren. Unser Gehirn wirkt auf unseren Körper und wir nutzen nun unseren Körper, um auf das Gehirn einzuwirken. Wenn Sie also merken, dass die negativen Emotionen überhandnehmen, dann suchen Sie sich einen geschützten Ort und richten Sie ihre Aufmerksamkeit auf die Perlen der Stille. Nehmen Sie sie zunächst einfach nur in die Hand und betrachten Sie die Kugeln. Dies sendet ein erstes Signal an Ihre Neuronen: „Keine Gefahr, ihr könnt ein bisschen weniger feuern".

Anschließend nehmen Sie eine Perle in beide Hände und atmen dabei etwas tiefer ein, als Sie das gewöhnlich tun. Atmen Sie in einer fließenden Bewegung wieder aus, ohne den Atem nach dem Einatmen anzuhalten. Wechseln Sie zur nächsten Perle, wenn sie ausgeatmet haben, und halten Sie Ihren Atem für etwa sechs bis zehn Sekunden an. Finden Sie selbst heraus, welche Zeit für Sie am angenehmsten ist. In dieser Zwischenzeit können Sie sechs bis zehn Perlen abgehen. Nun atmen Sie wieder ein und in einer Bewegung wieder aus und halten dann wiederum den Atem für weitere sechs bis zehn Perlen an. Wiederholen Sie diese Atemübungen zwei bis vier Minuten lang bzw. so lange, bis Sie deutlich entspannter und ruhiger sind.

Übung 15: Gefühle verarbeiten

In den 1980er-Jahren machte die Psychologin Francine Shapiro eine zufällige Entdeckung: Sie bewegte die Augen hin und her und erlebte eine deutliche Entlastung von Ängsten und depressiven Gedanken, die sie aufgrund ihrer Krebserkrankung belasteten. Dieses Erlebnis legte den Grundstein für eine psychotraumatologische Behandlungsmethode mit dem Namen EMDR (Eye Movement Desensitization and Reprocessing). EMDR hat heute ein breites Anwendungsgebiet und wird insbesondere bei der Behandlung von Posttraumatischen Belastungsstörungen, Angststörungen und zur Behandlung chronisch alkoholkranker Patienten eingesetzt.

Zentrales Element des EMDR-Verfahrens sind Augenbewegungen bzw. eine bilaterale Stimulation, um belastende Erinnerungen zu verarbeiten. Es wird angenommen, dass normalerweise die REM-Schlafphase in der Nacht für diesen Prozess zuständig ist. Die angeleiteten Augenbewegungen sollen die REM-Phase „simulieren". Dies scheint das Selbstheilungssystem des Gehirns zu aktivieren und eine beschleunigte Verarbeitung der belastenden Erinnerung zu ermöglichen.

1993 lernte Johannes Drischel das EMDR-Verfahren kennen und wendete es selbst zur Stressbewältigung an. So kam Drischel zum Thema Hochsensitivität und fand heraus, dass belastende Emotionen, wie Angst, Wut, Scham oder Unruhe, sich in Bilder und Formen „übersetzen" lassen. Trauer beispielsweise ist oftmals schwer und schwarz, aber sie kann auch noch trocken, nass, rau, glatt, laut oder leise sein. Sie kann zu einer einzigen abstrakten Form zusammengefasst werden. Diese Formen ähneln häufig denen, über die auch Synästhetiker berichten.

Der Clou: Es stellte sich heraus, dass diese Formen für wache REM-Phasen zugänglich sind. Die Augenbewegungen aus der EMDR-Traumatherapie starten allem Anschein nach eine Form der Datennachverarbeitung im Gehirn, die recht stabil ist. Das ist für eine aktive Emotionsregulation sehr wichtig, denn der nächtliche REM-Schlaf verarbeitet Erlebnisse nämlich nur bis zu einer bestimmten Intensität emotionaler Erregung. Wird diese Grenze überschritten, bricht der REM-Schlaf oftmals ab und die Verarbeitung stoppt. Das passiert jedoch nicht, wenn mithilfe einer „Übersetzungstechnik" gearbeitet wird. Drischel nannte sein Verfahren emoflex® und wir werden eine leicht abgewandelte Form mit der folgenden Übung kennenlernen.

Versuchen Sie Ihr unangenehmes Gefühl in eine dreidimensionale abstrakte Form zu übersetzen. Es wir Ihnen unter Umständen leichter fallen, wenn Sie die Augen dabei schließen. Die folgenden Fragen helfen Ihnen, „Ihre" Form zu finden. Sollte Ihnen bei der einen oder anderen Frage nichts einfallen, lassen Sie sie aus und gehen Sie zur nächsten über. Es reichen bereits wenige Eigenschaften aus, um einen entlastenden Effekt zu erreichen:

– Können Sie Ihr Gefühl konkret benennen?
– Ist das Gefühl eher schwer oder eher leicht?
– Hat es eine eher runde oder eckige Form?
– Fällt Ihnen eine Farbe zu Ihrem Gefühl ein?
– Sollte die Konsistenz Ihrer Form fest, flüssig oder gasförmig sein?
– Die Form könnte auch eine Bewegung ausführen, wenn sie Ihr Gefühl so besser beschreiben würde. Welche wäre das?

Wenn Sie ganz gründlich sein möchten, können Sie nun noch eine Temperatur, ein Geräusch und einen Geruch zuordnen. Beschreiben Sie nun Ihre Übersetzung und öffnen Sie gegebenenfalls die Augen, ohne die Beschreibung zu verlieren.

Nehmen Sie nun Ihren Silencer in eine Hand und werfen Sie die Kette zur anderen Hand, mit der Sie sie auffangen. Verfolgen Sie diese Hin- und Herbewegungen mit den Augen. Wechseln Sie nun in möglichst rascher Abfolge etwa zehn Mal hin und her. Wichtig ist es, den Silencer nur mit den Augen zu verfolgen, ohne den Kopf dabei zu drehen.

Nun atmen Sie bitte einmal tief durch und blinzeln Sie einige Male. Vergleichen Sie nun noch einmal Ihr Gefühl mit Ihrer Form bzw. mit dem Bild davon. Hat sich etwas verändert? Wenn alles geklappt hat, dann haben Sie gerade diejenigen Vorgänge, die sonst nachts im Traumschlaf ablaufen, nachgeahmt. Es sollte sich nun so anfühlen, als hätten Sie „eine Nacht darüber geschlafen". Spüren Sie noch mehr emotionale Belastungen, dann wiederholen Sie die Übung, bis eine deutliche Erleichterung eingetreten ist.

Übung 16: Du nervst mich!

Wählen Sie bitte in Ihrer Erinnerung jemanden aus, der Ihnen mit großer Zuverlässigkeit auf die Nerven geht. Wir werden nun die Gefühle, die damit in Verbindung stehen, nicht mit Worten, sondern mit Formbegriffen beschreiben. Wir erarbeiten zwei verschiedene Formbegriffe, dann können Sie sich diese beiden Formen gleichzeitig vergegenwärtigen. Mit zehn schnellen Augenbewegungen geben Sie Ihrem Nervensystem einen Hinweis darauf, was es damit tun soll. Die Leitfrage für den ersten Formbegriff lautet:

- Wie fühlt es sich an, XY zu sein?
- Scheint dieses Gefühl eher rund oder eckig zu sein?
- Flach oder dreidimensional?
- Welche Farbe könnte passen?
- Ist es fest, flüssig oder gasförmig? Die Form kann auch aus Licht bestehen.
- Welche Temperatur scheint sie abzustrahlen?
- Ist sie rau oder glatt? Trocken oder nass?
- Wie schwer oder leicht ist es, sich so zu fühlen?

Wenn Sie auf eine oder mehrere dieser Fragen nichts antworten konnten, bedeutet das nur, dass das Phänomen in dieser Sinnesqualität keine Resonanz erzeugt. Lassen Sie diese Frage dann einfach aus. Haben Sie die Form gefunden? Nun erarbeiten wir mit folgenden Fragen eine zweite Form:

- Wie geht es mir damit, wenn XY hereinkommt?

- Nun achten wir auf die Reaktionen unseres Körpers. Das geht am besten, wenn wir „Wo?" denken. Also: Wo ergeht es mir so damit, wenn XY hereinkommt?

- Nun wird es in Ihrem Körper eine Region geben, die vor allen anderen auf die Gegenwart von XY reagiert. Färben Sie diese Region ein. Wie groß ist sie? Wie schwer fühlt sie sich an? Empfinden Sie dort eher Wärme oder Kälte? Ein Pulsieren, Kribbeln oder Ähnliches?

Nun sollten Sie eine vorgestellte Form, irgendwo im Raum oder in Ihrem Kopf, und eine im Körper empfundene Form haben. Stellen Sie sich beide gemeinsam vor und werfen Sie die Silencer-Kette etwa zehn Mal von der einen in die andere Hand und verfolgen Sie diese Hin- und Herbewegung mit Ihren Augen, ohne den Kopf zu drehen. Alternativ können Sie die Kette auch mit ausgestrecktem Arm vor sich halten und wie ein Pendel hin- und herschwingen.

Nun schließen sie bitte die Augen für einen langen, tiefen Atemzug und öffnen sie anschließend wieder. Wenn Sie nun an Person XY denken, werden Sie vermutlich feststellen, dass mit der damit verbundenen Belastung etwas passiert ist. Bisher hatten Sie diesen Schmerz unmittelbar gespürt, nun aber sollte sich etwas verändert haben. Müssen Sie den Schmerz suchen? Erscheint er blass und entfernt? Dann haben Sie erfolgreich eine Technik erlernt, mit der Sie schnell und einfach nervenden Zeitgenossen begegnen können.

Übung 17: Geduld … aber sofort!

Viele Menschen verspüren ein Gefühl innerer Unruhe, besonders natürlich in emotional aufgeladenen Situationen. Manchmal ist es auch so, dass uns aktuelle oder künftige Situation ganz besonders spannend und interessant erscheinen und wir können es kaum abwarten, sie zu erleben. Auch bestimmte Persönlichkeitstypen, sogenannte *High-Sensation-Seeker* sind hier besonders angesprochen, denn sie sind immer auf der Suche nach neuen Reizen und Erfahrungen. Langeweile ist so ziemlich das Schlimmste, was Ihnen passieren kann, während jedoch gleichzeitig eine Auszeit benötigt wird. Geduld ist gefragt – aber wie?

Zunächst einmal ist Geduld eine Fähigkeit (nämlich das Warten-können), aber auch eine Tugend, die als erstrebenswert gilt. Geduldige Menschen sind bereit, mit Sehnsüchten, unerfüllten Wünschen und Bedürfnissen gelassen zu leben. Sie können diese Sehnsüchte zeitweilig bewusst zurückzustellen, damit sie emotional nicht belasten und neutral bewertet werden. Geduldig ist auch derjenige, der Schwierigkeiten und Leiden mit Gelassenheit nehmen kann, was jedoch keinesfalls mit Gefühlskälte oder Stumpfheit zu vergleichen ist. Das Gegenteil eines gelassenen, souveränen, besonnenen Menschen wäre die „Drama-Queen", die sprichwörtlich aus jeder Mücke einen Elefanten macht und sich auch entsprechend verhält. Geduldig ist auch derjenige, der seine einmal gesteckten Ziele verfolgt, ohne bereits gedanklich mit 1000 anderen Dingen beschäftigt zu sein. Geduld ist eine Sache des Gefühls und mit einer Übung kann auch das entsprechende Gegengefühl (die Ungeduld) im Zaum gehalten werden, denn so entsteht Gleichgewicht, Balance, Ordnung, innere Mitte, Ruhe und Sinn.

> Einmal erfahren – ein wenig eingeübt – und schon klappt es!

Geduld kann man lernen. Aber wie beim Fahrradfahren- oder Schwimmenlernen braucht es etwas, was man nicht erklären kann: Hier ist die Erfahrung, wie es sich anfühlt, notwendig. Vielleicht hört sich die folgende Übung für Sie etwas themenfremd an, ich kann Ihnen jedoch versichern, dass sie ganz hervorragend geeignet ist und vor allem auch ernährungsphysiologisch gut für Ihren Körper ist. Gleichzeitig nehmen Sie weniger Kalorien zu sich, sodass diese Technik auch in den Rahmen eines Programms zur Gewichtsreduktion passt.

Nehmen Sie Ihre Silencer-Kette bei jeder Mahlzeit in die Hand und kauen Sie einen Bissen für die Dauer von 50 Perlen, also einen Durchgang lang. Eine Perle bedeutet einmal kauen. Manchmal ist dies nicht ganz möglich, etwa bei einer klaren Suppe (zugegebenermaßen ein Extrembeispiel), aber es gibt ja auch das belegte Vollkornbrot, mit dem das hervorragend klappt. Nehmen Sie sich Zeit für das Essen, denn auch das ist etwas, was Sie sich gönnen sollten! Beginnen Sie mit einer Mahlzeit, wenn Sie nur mäßigen Hunger verspüren, und achten Sie darauf, welche Gefühle des Widerstandes in Ihnen auftauchen und wie es sich anfühlt, diese zu bewältigen bzw. im Zaum zu halten. Das bedeutet Geduld. Seien Sie nicht frustriert, wenn es nicht immer klappt und Sie automatisch den Bissen geschluckt haben. Achten sie auf das spezifische Gefühl der Geduld, das in Ihnen aufkommt, damit Sie es im fortgeschrittenen Stadium auch auf andere Dinge übertragen können. Stellen Sie sich vielleicht vor, wie die Geduld mit der Ungeduld ringt und sich beide schließlich einigen, je einen hälftigen Anteil zu bekommen. Die Geduld stimmt zu, das Essen nicht aufzuschieben, die Ungeduld stimmt zu, 50-mal zu kauen und nicht zu schlingen. Steigern Sie diese Übung mit wachsendem Hunger; den Meistertitel haben Sie verdient, wenn Sie auch mit Bärenhunger noch gelassen bleiben können und einen Bissen für die Dauer von 50 Perlen kauen!

Mein Tipp: Experten sind sich einig, dass gründliches Kauen und das Schlucken der Bissen in Etappen nicht nur für sehr gute Blutzucker- und Insulinwerte, sondern auch für weniger Bauchfett sorgt. Bei sensiblen Menschen wird in emotionalen Zuständen sehr viel Zucker ins Blut ausgeschüttet; durch geduldiges Essen kann man seinem Körper auf diesem Wege etwas Gutes tun! Wer langsam und sorgfältig kaut, merkt außerdem früher, dass er satt ist. Sorgfältiges

Kauen hat eine Menge Vorteile: Sie essen weniger, können das leckere Essen viel intensiver schmecken und deshalb mehr genießen. Genau das Richtige für Ihren sensiblen Körper. Und schlank bleiben Sie dabei auch noch!

Übung 18: Ich traue mich …

Mit den Emotionen ist wie mit den Muskeln: Ohne Training läuft nichts. Sie brauchen mehr Mut? Dann üben Sie es doch einfach …

Formulieren Sie einen Mutmachsatz, der mit „Ich traue mich …" oder „Ich bin mutig, weil …" beginnt. Wenn Ihnen dazu auf Anhieb nichts einfällt, habe ich hier einige Anregungen für Sie:

– Ich traue mich, anders zu sein.
– Ich traue mich, auf andere Menschen zuzugehen.
– Ich traue mich, begabt zu sein.
– Ich traue mich, „Nein" zu sagen.
– Ich bin mutig, weil ich meinen Weg und mein Ziel kenne.
– Ich bin mutig, weil mir nichts Schlimmes passieren kann.
– Ich bin mutig, weil ich meine Stärken kenne.
– Ich bin mutig, weil das für mich sehr wichtig ist.

Bitte suchen Sie sich nur einen Mutmachsatz für das „Training" aus. Versuchen Sie möglichst einen Satz zu finden, der Ihren persönlichen „Knackpunkt" beschreibt. Nehmen Sie sich ruhig Zeit, um diesen Satz zu finden. Sie liegen richtig, wenn Sie eine deutliche Erleichterung verspüren, wenn Sie sich die Aussage des Satzes vorstellen. Spüren Sie also in die Sätze hinein, Ihre Intuition wird Sie leiten.

Am ersten Tag nehmen wir bei dieser Übung eine Perle der Silencer-Kette zwischen Daumen und Ringfinger und sprechen den Satz aus oder wahlweise auch nur im Geiste. Wir spüren die Perle, die uns Kraft gibt, und versuchen die Gedanken nur bei diesem Satz bzw. bei seiner Aussage zu belassen. Das ist gar nicht so einfach, denn andere Gedanken werden auftauchen und stören wollen. Lassen Sie es geschehen und kehren Sie wieder zu Ihrem Satz zurück. Versuchen Sie seine Aussage – mit allem, was Sie ausmacht – zu fühlen, ohne dass etwas „dazwischenfunkt". Wenn Sie das Gefühl haben, dass das funktioniert, dann ist die Übung schon beendet. Versuchen Sie über den Tag verteilt immer wieder den Gedanken des Mutmachsatzes für die Dauer einer Perle zu halten. Wiederholen Sie die Übung mindestens dreimal täglich, nach oben sind natürlich keine Grenzen gesetzt.

Am zweiten Tag wird die Übung für die Dauer von zwei Perlen wiederholt. Das ist ein wenig schwieriger, denn auch hier werden schnell andere Gedanken kommen und stören wollen. Es geht jedoch darum, Herr über diesen einen Mutmachgedanken zu sein. Klappt das?

Am dritten Tag führen wir die Übung für die Dauer von drei Perlen durch (immer mit Daumen und Ringfinger fassen), am vierten Tag mit vier Perlen und so weiter, bis wir einen Durchgang mit 50 Perlen geschafft haben. Das sollte nach 50 Tagen sein, also etwa eineinhalb Monate später.

Ganz wichtig: Bitte gehen Sie nicht davon aus, dass Sie es schaffen werden, für die Dauer von 50 Perlen keine anderen Gedanken aufkommen zu lassen (es sei denn, Sie sind ein Meditationsmeister). Dennoch lohnt es sich, Zeit in ein Experiment zu investieren, das Sie in Zukunft mit größerem Mut belohnt.

Übung 19: Das Selbstbewusstsein stärken

Greifen Sie sich bitte zu Zettel und Stift und notieren Sie Ihre positiven Eigenschaften. Es ist wichtig, nur diejenigen Eigenschaften zu verwenden, zu denen Ihre Gefühle aus vollem Herzen „Ja" sagen. Es können Kleinigkeiten sein! Das macht überhaupt nichts, mit scheinbar Banalem anzufangen. Hier finden Sie einige Tipps und Bereiche, die der Psychologe Martin Seligman (Begründer der sogenannten „Positiven Psychologie") für zentral hält. Schauen Sie nach, ob für

Ihre Stärken in diesen Bereichen etwas dabei ist. Ich bin sicher, Sie werden eine Menge finden, nur Mut:

- Neugier, Interesse an der Welt
- Liebe zum Lernen
- Urteilsvermögen, kritisches Denken, Aufgeschlossenheit
- Einfallsreichtum, Originalität, praktische Intelligenz, Gewitztheit
- Soziale Intelligenz, persönliche Intelligenz, emotionale Intelligenz
- Weisheit
- Mut, Tapferkeit
- Ausdauer, Tüchtigkeit, Sorgfalt
- Integrität, Authentizität, Ehrlichkeit
- Freundlichkeit, Großzügigkeit
- Lieben, Zulassen geliebt zu werden
- Gemeinschaftssinn, Pflichtgefühl, Teamarbeit, Loyalität
- Fairness, Gerechtigkeit
- Führungsvermögen
- Selbstkontrolle
- Besonnenheit, Diskretion, Vorsicht
- Demut, Bescheidenheit
- Wertschätzung, Dankbarkeit
- Hoffnung, Optimismus, Zukunftsorientierung
- Spiritualität, Sinnorientiertheit, Glaube, Religiosität
- Vergebung, Barmherzigkeit
- Humor, Verspieltheit
- Begeisterung, Leidenschaft, Enthusiasmus

Formulieren Sie nun aus Ihren Notizen ganze Sätze, die Ihre positiven Eigenschaften beschreiben und legen Sie damit eine Liste an. Notieren Sie beispielsweise:

- „Ich bin neugierig auf die Welt und finde es spannend, Neues zu lernen."

- „Ich habe viel Einfühlungsvermögen und das zeichnet mich aus."
- „Wenn es die Sache verlangt, kann ich höchst rational denken."
- „Ich halte stets, was ich versprochen habe."
- „Ich liebe meine Kinder und bin eine gute Mutter."

Üben Sie, wenn möglich, zwei Mal täglich. Einmal am Morgen und einmal am Abend. Nehmen Sie Ihre Silencer-Kette und legen Sie die Ihre Liste vor sich hin, damit Sie die Notizen ablesen können. Benutzen Sie Ihre Aussagen wie ein Mantra, das Sie wie ein Gebet wiederholen. Es ist wichtig, die Sätze laut auszusprechen und bei jedem Satz eine Perle weiterzugehen. Bei jeder neuen Perle atmen Sie zunächst tief ein und aus, sprechen Ihren Satz aus vollem Herzen, halten einen kurzen Moment inne und atmen dann wieder tief ein und aus, bevor Sie zur nächsten Perle übergehen. Auch hier gilt wieder: Tief einatmen, mit tiefem Gefühl Ihre positive Eigenschaft laut aussprechen, innehalten und wieder tief atmen. Ein Durchgang bedeutet 50 Sätze, die Ihre Stärken betonen. Üben Sie möglichst fünf Durchgänge, jeweils morgens und abends vor dem Schlafengehen. Nehmen Sie diese positive Energie mit in den Schlaf, damit Sie weiter wirken kann. Ihr Selbstbewusstsein wird es Ihnen danken!

Übung 20:
Mit dem Selbstbewusstsein auf Talfahrt!

Nehmen Sie Zettel und Stift und notieren Sie alle Ihre angeblichen Fehler, Schwächen und Misserfolge. Geizen Sie nicht mit Kritik, denn jetzt dürfen Sie so richtig loslegen. Übertreiben Sie gnadenlos! Dramatisieren Sie! Überziehen Sie Ihre Aussagen ganz bewusst. Nörgeln Sie an Ihrem sensiblen Charakter, an Ihrem Verhalten und an Ihren Leistungen. Schreiben Sie sich alles von der Seele, aber erwähnen Sie bloß nicht Ihre positiven Seiten. Ihre Stärken haben hier nichts verloren. Stellen Sie sich vor, Sie würden schreiben: „Trotz meiner Fehler und Schwächen bin ich ein liebenswerter und wertvoller Mensch." So kann das Selbstbewusstsein keine Talfahrt hinlegen! Wie lief es in der letzten Woche? Bestimmt reihte sich eine Katastrophe an die andere! Hier finden Sie einige Tipps der Psychologen Doris Wolf und Rolf Merkle, mit deren Hilfe es Ihnen sicher gelingen wird, Ihr Selbstbewusstsein auf den absoluten Nullpunkt zu bringen:

— Denken Sie schlecht von sich.
— Machen Sie Ihren Wert immer vom Ergebnis Ihres Handelns abhängig.
— Verzeihen Sie sich keinen Fehler.
— Vergleichen Sie sich immer mit anderen.
— Seien Sie bloß nicht zufrieden mit dem, was Sie haben.
— Verzeihen Sie anderen niemals deren Fehler und Schwächen.
— Trauen Sie keinem über den Weg.
— Verlangen Sie von sich, alles perfekt zu machen.
— Glauben Sie, dass alles noch schlimmer wird.
— Seien Sie überzeugt davon, ein Pechvogel zu sein.
— Reden Sie ständig über Krankheiten.
— Finden Sie immer das Haar in der Suppe.

Jetzt geht's los: Nehmen Sie Ihre Silencer-Kette und legen Sie Ihre Liste vor sich hin, damit Sie die Notizen ablesen können. Benutzen Sie Ihre Aussagen wie ein Mantra, das Sie wie ein Gebet wiederholen. Es ist wichtig, die Sätze laut auszusprechen und bei jedem Satz eine Perle weiter zu gehen. Nun kommt es darauf an, wie Sie Ihre angeblichen Fehler, Schwächen und Misserfolge aussprechen:

1. Durchgang: gaaaaanz laaaaangsam
2. Durchgang: ganz schnell
3. Durchgang: flüsternd und leise
4. Durchgang: in einschmeichelndem, verführerischen Tonfall
5. Durchgang: mit ganz hoher Stimme
6. Durchgang: mit ausländischem Akzent
7. Durchgang: mit ganz tiefer Stimme
8. Durchgang: nun dürfen Sie singen

Wenn Sie alle Durchgänge geschafft haben, bin ich sicher, dass es Ihrem Selbstbewusstsein schon viel besser geht, aber lassen Sie sich nicht allzu schnell von einem positiven Gefühl täuschen. Machen Sie Ihre täglichen Übungen über einen Zeitraum von sechs Wochen, damit Ihr Selbstbewusstsein sich stabilisieren kann.

Übung 21: Balance halten

Die folgende Übung soll Sie dabei unterstützen, Ihre Mitte zu finden und sich zentriert zu fühlen. Starten Sie am Morgen, vielleicht nach der ersten Tasse Tee oder Kaffee. Legen Sie bitte im Vorfeld fest, wie sich Ihr Selbstbewusstsein fühlen soll, indem Sie sich eine Situation vorstellen, die Ihrem Zielgefühl entspricht. Das kann eine reale Gegebenheit aus Ihrer Vergangenheit sein, es kann sich dabei aber auch um eine Person handeln, die für Sie Vorbildfunktion hat.

Wenn Sie die Vorstellung gefunden haben, schließen Sie Ihre Augen und gehen Sie drei Runden mit der Silencer-Kette durch, indem Sie versuchen, ganz in dieses Gefühl einzutauchen. Sie können dabei mithilfe Ihrer Fantasie ganz in dieser Rolle aufgehen und sie ausfüllen, wie ein Schauspieler. Halten Sie nun einen kurzen Moment inne und lassen Sie die Augen möglichst geschlossen. Legen Sie jetzt bitte ein Wort oder Bild fest, das Ihnen in diesem Zusammenhang am deutlichsten erscheint.

Die nächsten drei Durchgänge versuchen Sie bitte nur mit dem Wort oder dem Bild das Zielgefühl Ihres Selbstbewusstseins zu aktivieren. Das ist etwas schwieriger, aber geben Sie nicht auf, wenn es nicht auf Anhieb klappt. In diesem Fall kehren Sie für die nächsten drei Runden mit der Perlenkette einfach zum ersten Schritt zurück, bei dem Sie sich eine konkrete Situation vorstellen. Üben Sie Schritt 1 oder 2 für insgesamt dreimal drei Runden täglich über einen Zeitraum von mindestens einer Woche. Dann können Sie damit beginnen, die Übungen mit einem Wort oder Bild mit geöffneten Augen durchzuführen: dreimal drei Runden, ohne dabei die Augen zu schließen. Führen Sie diese Übung jeden Morgen durch, so lange, bis es „sitzt". Ziel dieses kleinen Trainingsprogramms ist es, mithilfe der Silencer-Kette das Selbstbewusstsein auch im Alltag immer wieder auszubalancieren, indem Sie lernen, das Zielgefühl ganz leicht zu aktivieren. Nehmen Sie einfach die Kette in die Hand, Ihr Gehirn wird sich erinnern und die Nervenzellen werden das richtige Signal feuern!

> Nervenzellen, die gemeinsam feuern, verschalten sich. Wird etwas immer wieder gemacht, so verbinden sich die Nervenzellen immer stärker und feuern immer leichter.

Übung 22: Achtsamkeitsübung

Das Wahrnehmen des gegenwärtigen Augenblicks – des „Hier und Jetzt" – ist eine wichtige Grundübung der Achtsamkeit. Mit all unseren Gedanken, Gefühlen und Handlungen steigen wir in die gegenwärtige Situation ein und halten inne.

Nun geht es darum, unsere Gedanken und Gefühle zu beobachten, all diese Wahrnehmungen, die kommen und gehen wie die Wolken am Himmel. Versuchen Sie darauf zu achten, was Sie *jetzt* denken, fühlen und tun. Nehmen Sie dazu eine möglichst angenehme Position ein.

Nehmen Sie Ihre Perlenkette in die Hand und betrachten Sie die Kugeln mit intensiver Aufmerksamkeit. Wie sieht die Oberfläche aus? Welche Farben können Sie beobachten? Welche Unregelmäßigkeiten, welche Größe und welche Rundungen können Sie ausmachen? Können Sie einen Geruch wahrnehmen? Machen die Perlen Geräusche, wenn Sie sie durch die Hand gleiten lassen? Welches Gewicht hat Ihre Silencer-Kette? Schließen Sie jetzt Ihre Augen und erspüren Sie die Perlen mit geschlossenen Augen. Wie fühlt sich die Oberfläche an? Können Sie die Rundungen der einzelnen Perlen vergleichen? Spüren Sie Unebenheiten? Sind die Perlen eher warm oder kalt? Wie ist das Gewicht? Wo mögen die Perlen wohl herkommen? Wie alt werden sie sein? Was haben sie schon alles gesehen und erlebt? Wie sind sie zu Ihnen gekommen? Was wird zukünftig mit der Perlenkette geschehen?

Können Sie noch mehr Gedanken beobachten? Wie geht es Ihnen jetzt? Möchten Sie die Übung beenden oder noch ein wenig im Augenblick verweilen? Wenn Sie die Empfindung haben, die Übung beenden zu wollen, dann kehren sie in die Realität zurück, indem Sie die Augen öffnen und sich etwas rekeln und strecken. Versuchen Sie nachzuspüren, wie Sie sich *jetzt* fühlen. Geht es Ihnen gut?

Übung 23: Das Geschwindigkeitsbarometer

Jeder Mensch hat seine eigene Zeit, sein eigenes Tempo, und wir wollen nun herausfinden, welche Geschwindigkeit Sie in einen Zustand entspannter Konzentration bringt. Dies ist eine schmale Zone zwischen Anregung und Beruhigung. Sie sollten sich weder langweilen, noch überfordert fühlen. Probieren Sie es aus, indem Sie die Perlen einmal schneller und langsamer abtasten. Es geht nicht darum, möglichst schnell einen ganzen Durchgang zu schaffen, sondern vielmehr achtsam jede einzelne Perle zwischen den Fingern zu halten und dann zur nächsten überzugehen. Achten Sie auf Ihre Gefühle dabei, denn dies ist Ihr Geschwindigkeitsbarometer! Was ist Ihr optimaler Zustand, bei welchem Tempo fühlt sich die Konzentration besser und leichter an?

Ziel dieser Übung ist, sich relativ schnell in einen Zustand von entspannter Konzentration bringen zu können, wann immer es beliebt. Wenn Sie ein Gefühl dafür bekommen haben, wie es sich anfühlt, mit der Welt im Fluss (im sogenannten „Flow") zu sein, dann werden Sie dieses Gefühl immer schneller aktivieren und darin eintauchen können. Sie werden auch feststellen, dass Sie Ihre Geschwindigkeit weiter steigern können, denn Ihre Fingerfertigkeit wird zunehmen. Nehmen Sie zum Üben eine aufrechte, aber bequeme Sitzhaltung ein. Die gerade Körperhaltung ist ebenso wichtig wie das tiefe Ein- und Ausatmen in den Bauch. Achten Sie auf Ihre Gesichtsmuskeln, denn sie sollten entspannt sein. Auch der Nacken- und der Rückenbereich sollte während der Übung komplett entspannt sein. Die Augen können offen oder geschlossen sein, ganz so, wie es für Sie in dem Bereich zwischen angenehmer Anregung (nicht Überforderung – nicht Langeweile) vonnöten ist.

Übung 24: Mit Achtsamkeit in die Innenwelt

Mit Achtsamkeit, Nüchternheit und Wertschätzung können wir uns der Innenwelt öffnen, denn Sie ist ein bedeutsamer Spiegel der Außenwelt. Hier treffen wir auf unser Unbewusstes, und auch wenn es nicht wie ein offenes Buch vor uns liegt und den Anschein macht, als hätte es Informationen zu geben, so weiß es doch viel mehr als unser Bewusstsein. Das Unbewusste „redet" in einer anderen Sprache, die wir nicht immer verstehen können, aber wir haben trotzdem die Möglichkeit, ihm zuzuhören und dieses Wissen anzuzapfen. Eine Form der Sprache, die das Unbewusste nutzt, sind innere Bilder, die in uns aufsteigen. Sie sind bedeutsam für die äußere Realität, denn außen ist wie innen.

> Das, was außen ist, ist wie das, was innen ist.
>
> Das, was oben ist, ist wie das, was unten ist.
>
> Das, was vorne ist, ist wie das, was hinten ist.
>
> Das, was rechts ist, ist wie das, was links ist.
>
> *Grundsatz der Alchemie*

Das Unbewusste kennt oftmals Antworten auf unsere Fragen, und meines Erachtens lohnt es sich, einfach einmal „nachzuhören", was es zu „sagen" hat. Hierfür setzen wir eine Methode ein, die unsere Mikrobewegungen nutzt. Wir verraten z. B. unsere wahren Gefühle über Mikrobewegungen der Gesichtsmuskulatur, aber auch die Hände verraten so einiges, was dem Bewusstsein nicht zugänglich ist. Was mit bloßem Auge nicht zu erkennen ist, machen Hochgeschwindigkeitskameras sichtbar, daher wissen wir von diesen mikroskopisch kleinen Bewegungen. Die Mikrobewegungen sind jedoch nicht nur durch Kameras zu erfassen, sondern übertragen ihre Energie in Form von Schwingungen auch auf ein Pendel, das wir in der Hand halten.

Benutzen Sie für diese Übung die Silencer-Kette wie ein Pendel. Zunächst einmal können Sie Ihr Unbewusstes etwas fragen, worauf Sie die Antwort (Ja vs. Nein) schon kennen, damit Sie sehen, wie das Pendel ausschlägt. Beginnen Sie beispielsweise mit:

- „Ist mein Name Birgit?" (Ja)

- „Wurde ich 1963 geboren?" (Ja)

- „Bin ich am Niederrhein geboren?" (Ja)

- „Habe ich ein Kind?" (Nein, ich habe drei) usw.

Konnten Sie ein bestimmtes Reaktionsmuster Ihres Pendels ausmachen? Dann können Sie vorsichtig die ersten Fragen stellen, deren Antworten Sie noch nicht kennen, die aber prinzipiell überprüfbar sind. Sie können etwas zu Ihrem Partner fragen und es anschließend anhand seiner Aussage auf den Wahrheitsgehalt überprüfen. Wenn auch das gut geklappt hat, können Sie die ersten Problem-Fragen stellen. Auch wenn diese Vorgehensweise ein wenig Mühe kostet, um die Sprache des Unbewussten zu verstehen, erhalten Sie dafür aber auch relativ klare Antworten.

Übung 25: Zitate-Übung

Beginnen Sie den Tag mit einem Ritual und nehmen Sie sich vor, das einfach nur für eine Woche durchzuhalten! Stellen Sie keine weiteren Ansprüche an sich. Nehmen Sie sich weder vor, sich tiefsinnige Gedanken über das Loslassen zu machen, noch immer bei der Sache zu bleiben. Gönnen Sie sich nach dem Aufwachen 15 Minuten Zeit. Tun Sie dies zu einer Zeit, wenn Ihr Geist noch frisch ist und sich noch nicht mit den Banalitäten des Alltags anfüllen konnte. Ob Sie nach dem Aufwachen zunächst aufstehen, um Ihre Tasse Tee oder Kaffee zu trinken, oder noch im Bett starten, bleibt Ihnen selbst überlassen. Wünschenswert ist allerdings eine liegende Haltung, bei der Sie Ihre Augen geschlossen halten. Machen Sie es sich so richtig bequem und benutzen Sie Ihre Silencer-Kette in der Art und Weise, wie es Ihnen angenehm ist. Sie können die einzelnen Steine mit einer Hand oder mit beiden Händen abgehen oder nur mit den Fingern darüber gleiten, all das spielt für diese Übung keine Rolle. Wichtig ist jedoch, das morgendliche Ritual und Ihre dabei empfundenen Gefühle mit dem Silencer zu verknüpfen. Aus Sicht der energetischen Psychologie gilt es, die Energien der geistigen Übung auf das Materielle des Silencers zu übertragen und umgekehrt.

Wählen Sie bitte eines der Zitate aus, die Sie im Kapitel über das Loslassen (vgl. Seite 78) finden. Wählen Sie frei nach Gefühl und nehmen Sie dasjenige, welches Sie auf Anhieb anspricht. Später dann das Zweite, anschließend das Dritte und so weiter. Sie können natürlich auch chronologisch vorgehen. Probieren Sie das tiefe Nachdenken über eine Weisheit mit einer Haltung oder Grundstimmung, die Erleichterung ausdrückt. Loslassen zu können, bedeutet Freiheit, Wohlbefinden, Ordnung, Klarheit und Wachstum. Arbeiten Sie mit den einzelnen Zitaten so lange, bis Sie das Gefühl haben, sie verinnerlicht zu wissen. Sie werden den Eindruck gewinnen, dass die Silencer-Kette Sie an ein Gefühl der Erleichterung oder an ein allgemeines Wohlgefühl erinnern kann.

Haben Sie Ihr Ritual eine Woche lang durchhalten können? Was war das Schwerste daran? Was hat Ihnen besonders gefallen? Was war nicht so gut?

In einem nächsten Schritt können Sie dazu übergehen, eigene Stolpersteine zu nehmen und sie auf die Philosophie des Loslassens zu übertragen. Nehmen Sie sich auch hier nur einen Sachverhalt vor, einen Satz, über den Sie tief nachdenken möchten. Was möchten Sie loslassen? Es kann durchaus sein, dass diese Frage nicht so leicht zu beantworten ist, und auch wenn es einige Wochen dauert, spielt das keine Rolle. Folgende Sätze sollen Sie beim Loslassen unterstützen:

- Ich bin bereit loszulassen. Es ist so, wie es ist, und ich kann es, ohne zu werten, annehmen.
- Wäre ich nicht da, dann müsste es auch ohne mich gehen.
- Wenn ich das loslasse, dreht sich die Welt noch weiter?
- Wenn ich mich trenne, was kann Schlimmes passieren?
- Wenn ich weiterhin festhalte und klammere, mache ich es damit besser?

Übung 26: Die 21-Tage-Übung

Gibt es etwas Bestimmtes, was Sie loslassen möchten? Im Prinzip kann das alles Mögliche sein, z. B. Verhaltensweisen, Objekte, Wünsche, Erwartungen, Gefühle, Einstellungen, Beziehungen oder Erwartungen an sich selbst oder an andere Menschen. Vergegenwärtigen Sie sich, dass Ihr Verstand möglicherweise schon lange von dem Umstand genervt ist und sich endlich verabschieden will, Ihr Gefühl jedoch aus Gewohnheit daran festhält. Die folgende Übung ist sehr wirkungsvoll und geht auf den amerikanischen Priester und Coach Will Bowen zurück, der eine recht simple Idee hatte. Er ermutigt Menschen an 21 aufeinanderfolgenden Tagen nicht zu meckern, sich nicht zu beschweren und nicht zu jammern. Mit einem Armband soll immer dann vom linken zum rechten Arm und umgekehrt gewechselt werden, wenn man sich doch beim Klagen, Nörgeln und Kritisieren ertappt. Nach seinen Angaben dauert es durchschnittlich vier bis acht Monate, bis man es geschafft hat, an 21 Tagen am Stück nicht mehr in die alten Gewohnheiten zurückzufallen und entspannter, glücklicher, gesünder und erfolgreicher zu leben. Mittlerweile feiert Bowens Technik Erfolge überall auf der Welt und das aus gutem Grund.

Die 21-Tage-Übung veranlasst uns dazu, ein konkretes Ziel zu formulieren und uns dies bewusst zu machen. Gleichzeitig gibt es eine einfache, konkrete Handlungsanweisung, die wir jederzeit und (fast) überall ausführen können, wenn wir auf alte Muster zurückgreifen. Diese „Konsequenzen" tun uns nicht weh und sind keine „Bestrafung", veranlassen uns aber, unser Ziel nicht aus den Augen zu verlieren. Wir werden nach kürzester Zeit durch die Bewusstwerdung unseres loszulassenden Wunsches dazu motiviert, bei der Stange zu bleiben und können täglich unseren Erfolg kontrollieren. Müssen wir am ersten Tag das Silencer-Armband vielleicht 50 Mal von einem Handgelenk zu anderen wechseln, so sind es am nächsten Tag, in der nächsten Woche, im nächsten Monat vielleicht nur noch zehn Mal. Allmählich trainieren wir so unserem Gehirn schädliche Gewohnheiten ab und bauen neue Strukturen auf.

Sehr wirkungsvoll ist es auch, wenn Sie Ihren Partner, Freunde oder Arbeitskollegen mit ins Boot nehmen. Dann können Sie sich gegenseitig liebevoll darauf hinweisen, dass die Kette „umziehen" muss, ohne immer wieder das leidige Thema ansprechen zu müssen. Außerdem fällt es leichter, in Gemeinschaft Übungen zum Thema Loslassen zu machen.

Suchen Sie sich nun etwas aus, was Sie loslassen möchten, und formulieren Sie diesen Wunsch so klar wie möglich. Schlingen Sie die Silencer-Kette als Armband wahlweise an das rechte oder linke Handgelenk. Falls Sie in Ihrem Beruf keine Armbänder tragen dürfen, dann können Sie auch einen Wechsel von der linken in die rechte Hosen- oder Jackentasche vornehmen. Fertig! Wenn Sie sich im Folgenden dabei ertappen, wieder in alte Muster zurückzufallen, dann streifen Sie den Silencer über das andere Handgelenk und beginnen neu. Machen Sie sich keine Vorwürfe, setzen Sie sich nicht unter Druck, versuchen Sie nur durchzuhalten, das ist im Prinzip schon alles. Wenn Sie die 21-Tage-Übung partnerschaftlich durchführen, dann weisen Sie Ihr Gegenüber im Falle eines „Ausrutschers" liebevoll darauf hin, das Armband zu wechseln.

Übung 27: Mit Gefühlen reden

Loslassen ist ein gefühlsmäßiger Akt. Der Verstand ist möglicherweise schon lange genervt, die Gefühle möchten jedoch festhalten. Manchmal ist den Gefühlen selbst nicht klar, warum sie sich derart verhalten und es hilft, mit unseren Gefühlen ins Gespräch zu kommen. Wir sind es vielleicht gewohnt, *über* Gefühle zu reden, aber *mit* den Gefühlen zu reden, ist für uns eher ungewohnt.

Beginnen Sie Ihre Silencer-Übung mit einem Lächeln und nehmen Sie die erste Perle in die Hand. Legen Sie ein Gefühl fest, mit dem Sie reden und das Sie loslassen möchten. Dies kann z. B. Trauer, Ärger, Angst, Lust, Enttäuschung, Mitleid, Neid, Stolz oder Verzweiflung sein. Gehen Sie zur nächsten Perle und fragen Sie das Gefühl, warum es da ist. Warten Sie bitte geduldig die Antwort ab, dann können Sie eine Perle weiterwandern. Gerade zu Anfang lassen die Gefühle sich Zeit mit der Antwort, schließlich sind Sie es ja nicht gewohnt, dass jemand mit Ihnen spricht. Wenn Sie eine Antwort bekommen haben, dann wissen Sie nun, warum das Gefühl da ist. Jetzt fragen Sie bitte, ob das Gefühl Ihnen mit seiner Anwesenheit helfen möchte? Warten Sie auch hier die Antwort ab, bis Sie die nächste Perle greifen. Beginnen Sie nun einen Dialog und nutzen Sie die folgenden Hinweise:

– Warum möchte das Gefühl Ihnen helfen?

– Wie genau soll die Hilfe aussehen? Schildern Sie Ihrem Gefühl Ihre Sichtweise dazu. Was sagt das Gefühl dazu? Was muss geschehen, damit das Gefühl loslassen kann?

Wenn Sie einen Durchgang geschafft haben, dann haben Sie 50 Fragen gestellt und 50 Antworten erhalten. Für das erste Gespräch ist das eine tolle Leistung! Wiederholen Sie diese Übung so oft und so lange, bis Sie beide zu einer Einigung gelangt sind.

Übung 28: Affirmationen

Selbstbewusstsein stärken

Nachfolgend finden Sie einige Beispielsätze, die Ihr Selbstbewusstsein stärken. Sie können sich einen Satz aussuchen und Ihr Training beginnen, Sie können aber auch sofort mit einer eigenen Affirmation starten. Üben Sie, wenn möglich, dreimal täglich drei Durchgänge mit der Silencer-Kette, indem Sie sich den Satz bei jeder Perle laut (hörbar) vorsagen. Versuchen Sie sich in diesem Moment genau so zu fühlen, wie Ihre Affirmation das ausdrückt. Bei den Übungen können Sie die Augen schließen, müssen es jedoch nicht. Versuchen Sie vielleicht auch über den Tag verteilt immer wieder einmal zu Ihrer Affirmation zurückzukehren, auch wenn Sie den Satz nur im Geiste ein- oder zweimal wiederholen. Wenn Sie die Silencer-Kette als Armband benutzen, dann kann dies Ihre Gedankenstütze sein, um Ihrem Gehirn immer wieder einmal unter die Arme zu greifen.

- Ich habe viele Talente und Fähigkeiten.
- Ich bin in Ordnung, so wie ich bin.
- Ich habe ein Recht darauf, meine eigene Meinung zu vertreten.
- Ich fühle mich wohl in meiner Haut.
- Ich kann ein erfolgreiches und erfülltes Leben führen.
- Ich sage „Ja" zu mir.
- Ich gehe meinen eigenen Weg.

Auf festen Füßen stehen

- Ich fühle mich sicher und geerdet.
- Ich nutze die Energien von Mutter Erde, um klar zu denken und auf festen Füßen zu stehen.
- Ich kann Vieles wahrnehmen und trotzdem geerdet bleiben.
- Ich sorge dafür, dass ich während meiner Arbeit verwurzelt und geerdet bin.
- Ich fühle mich überall zu Hause, egal wo ich bin.

Potenzial entfalten

- Ich kenne mein Potenzial und verwirkliche meine Ziele.
- Ich kann sehr viel mehr, als mir bewusst ist.
- Mein Potenzial ist nun frei und wird sich zeigen.
- Ich bin mutig und weiß, dass jetzt die richtige Zeit ist, um mich zu entfalten.
- Meine Sensibilität ist mein wertvollstes Potenzial und das werde ich nun nutzen.

Veränderungen akzeptieren

- Ich möchte mich verändern.
- Veränderungen sind oft Verbesserungen.
- Ich nehme Veränderungen an und sehe das Gute darin.
- Ich erreiche meine Ziele durch die Bereitschaft, mich zu ändern.
- Ich habe die Fähigkeit, meine Gefühle zu verändern.
- Ich öffne mich für neue Möglichkeiten.

Loslassen

- Nur wenn ich Altes loslasse, kann Neues entstehen.
- Ich lasse meine Angst los und bin frei.
- Ich lasse alte Überzeugungen los, dann werde ich erfolgreich sein.
- Ich lasse meine Schüchternheit los, denn mir kann nichts passieren.
- Ich lasse unangebrachte Gefühle los und verwandle sie in positive Energie.

Entdecken Sie eigene Affirmationen!

Entdecken Sie eigene Affirmationen und Übungen, vielleicht auch in Kombination mit anderen Schritten und Themengebieten.

Übung 29:
Grundübung mit der Metta-Meditation

Die Metta-Meditation wird auch *Liebende-Güte-Mediation* genannt. Wenn Sie die liebende Güte praktizieren, dann werden Sie gut einschlafen und einen festen, erholsamen Schlaf haben. Sie werden am Morgen leicht und schnell aufwachen und frisch in den Tag gehen können. Der Metta-Meditation werden noch weitere Vorteile zugeschrieben, zum Beispiel Beliebtheit, ein strahlend schönes Gesicht und schön und ein reiner Geist.

Wir werden die Grundübung mit der Metta-Meditation machen, um Ihnen ein Gefühl dafür zu geben, worauf es bei dieser Methode ankommt.

Nehmen Sie nun eine Meditationshaltung ein, die typischerweise auf dem Boden stattfindet. Sie können eine Yoga-Matte unterlegen oder ein Kissen verwenden. Es gibt auch spezielle Meditationskissen, die zum Teil aus hochwertigen Materialien bestehen, z. B. Brokat, und optisch ansprechend und sehr gut verarbeitet sind. Für was Sie sich entscheiden, liegt ganz bei Ihnen, wichtig ist nur, die Meditation zu ritualisieren. Wählen Sie möglichst immer den gleichen Ort, dasselbe Kissen und tragen Sie vielleicht auch spezielle (bequeme) Kleidung. Manchen Menschen hilft es gerade zu Anfang, die Übungen regelmäßig zu machen, wenn sie sich eine hochwertige Ausstattung kaufen, nach dem Motto: „Jetzt habe ich dafür Geld ausgegeben, jetzt muss ich es auch durchhalten". Das muss zwar nicht sein, kann aber, wie gesagt, helfen und den Wert der Übungen symbolisieren.

Es gibt verschiedene Sitzpositionen, die Sie einfach ausprobieren sollten, um Ihre persönliche Lieblingshaltung zu finden. Die geläufigste Position ist der klassische Schneidersitz, bei dem die Beine gekreuzt werden und die Knie etwas hochgestellt sind. Sie können dabei auch die Füße unter die Unterschenkel legen und die Knie jeweils mit einem Kissen unterstützen. Eine andere Variante ist die kniende Haltung, bei der man auf den Fersen sitzt und das Gesäß mit einem oder zwei Kissen unterstützt. Im sogenannten Lotossitz sind die Beine verschränkt, ähnlich wie beim Schneidersitz. Der rechte Fuß liegt allerdings auf dem linken Oberschenkel nahe der Leistenbeuge und der linke Fuß entsprechend auf dem rechten Oberschenkel. Die Fußsohlen zeigen nach oben. Die Knie befinden sich in Kontakt mit dem Boden.

Wenn Sie Probleme mit dem Rücken haben, können Sie auch in gerader Haltung auf einem Stuhl sitzen, gerne auch mit Kissen. Lehnen Sie sich jedoch bitte nicht an. Anlehnen blockiert den Energiefluss im Rücken und kann schläfrig machen. Sitzen Sie einfach in einer bequemen Haltung. Während der Sitzmeditation sollte man den Körper überhaupt nicht bewegen und mit aufgerichtetem Rücken sitzen, aber nicht steif. Jeder Wirbel sollte locker auf dem anderen liegen. In dieser Stellung wird der Brustkorb tendenziell etwas vorgeschoben, sodass es einfacher sein kann, z. B. ein liebendes Gefühl auszustrahlen. Die Stellung der Beine sollte bequem sein. Wenn sie zu stark angewinkelt sind, wird die Blutzirkulation leicht unterbrochen, sodass sie einschlafen und das Sitzen schmerzhaft wird. Bitte bewegen Sie den Körper während der Meditation überhaupt nicht. Wackeln Sie weder mit den Zehen noch mit den Fingern, kratzen und reiben Sie sich nicht, schaukeln Sie nicht mit dem Körper hin und her.

Beginnen Sie nun damit, sich liebende und freundliche Gedanken zu senden. Rufen Sie sich eine Zeit oder eine Situation ins Gedächtnis, als Sie glücklich waren. Wenn ein kraftvolles Glücksgefühl in Ihnen aufsteigt, dann erscheint es als warmes, strahlendes Gefühl im Brustbereich. Dann wünschen Sie sich von Herzen Glück und denken:

– „Möge ich glücklich sein."
– „Möge ich voll Freude sein."
– „Möge ich friedlich und ruhig sein."
– „Möge ich heiter und freundlich sein." usw.

Wünschen Sie sich aufrichtig etwas, das heilsam ist und Ihnen etwas bedeutet. Spüren Sie diesen Wunsch in Ihrem Herzen. Ist Ihr Wunsch nicht aufrichtig, dann wird er zu einer mechanisch wiederholten

Phrase ohne echte Bedeutung. Dies wäre ein oberflächlicher Wunsch, während der Geist tatsächlich an andere Dinge denkt. Es ist bei der Metta-Meditation sehr wichtig, dass Ihr Wunsch eine echte Bedeutung für Sie hat und Ihre ganze, ungeteilte Aufmerksamkeit auf sich zieht.

Wiederholen Sie Ihren Wunsch nach Glück nicht ununterbrochen, sondern nur dann, wenn das Gefühl liebender Güte etwas abzuklingen beginnt.

Während der Metta-Meditation ist es sehr wichtig, die Spannung zu lösen. Bei jedem Wunsch für Ihr Glück können Sie eine leichte Spannung und eine Art Verengung im Kopf bemerken. Lösen Sie sie, indem Sie Ihren Geist vollständig entspannen. Fühlen Sie, wie der Geist sich öffnet und ruhig wird. Tun Sie dies allerdings nur einmal. Machen Sie sich nichts daraus, wenn die Verengung nicht verschwindet, Sie werden sie zu einem späteren Zeitpunkt lösen können. Versuchen Sie auch nicht ständig, Ihren Geist zu entspannen, bringen Sie stattdessen Ihre ruhige Aufmerksamkeit immer sanft zum Glücksgefühl zurück.

Während Sie sitzen und den aufrichtigen Wunsch der liebenden Güte in Ihrem Herzen spüren, wird der Geist abschweifen und beginnen, an andere Dinge zu denken. Das ist normal. Gedanken sind jedoch niemals unsere Feinde. Kämpfen Sie deshalb nicht mit den Gedanken und versuchen Sie nicht, sie wegzudrängen. Nehmen Sie stattdessen zur Kenntnis, dass Sie das Gefühl der liebenden Güte und den Wunsch für das eigene Glück nicht mehr wahrnehmen können, wenn Gedanken aufkommen und Sie ablenken. Lassen Sie dann die Gedanken einfach los, selbst in der Mitte eines Satzes. Überlassen Sie die Gedanken sich selbst. Das erreicht man, indem man den Gedanken nicht weiter nachgeht, egal, wie wichtig sie im Moment auch erscheinen mögen.

Bemerken Sie die Spannung und Verengung im Kopf/Geist und entspannen Sie. Fühlen Sie, wie sich die Verengung öffnet. Der Geist scheint sich auszudehnen und zu entspannen. Dann wird er sehr ruhig und still, frei von Gedanken und außergewöhnlich klar und wachsam. Bringen Sie den Geist sogleich zum Gefühl der liebenden Güte zurück und wünschen Sie sich Glück. Es spielt keine Rolle, wie oft Ihr Geist abschweift und über andere Dinge nachdenkt. Was wirklich zählt, ist zu bemerken, dass der Geist durch einen Gedanken abgelenkt wird. Dasselbe gilt für Wahrnehmungen und Gefühle, die die Aufmerksamkeit auf sich ziehen. Bemerken Sie die Bewegung des Geistes weg von der liebenden Güte und lassen Sie die Ablenkung los. Dann entspannen Sie die Verengung. Bringen Sie Ihre ruhige Aufmerksamkeit sanft zum Meditationsobjekt, der liebenden Güte, zurück.

Immer dann, wenn Sie eine Ablenkung loslassen, stärken Sie Ihre Bewusstheit. Kritisieren Sie sich also bitte nicht, weil Sie meinen, Sie müssten die Übung besser machen. Gedanken, Wahrnehmungen und Gefühle sind keine Feinde, die unterdrückt und zerstört werden müssten. Bemerken Sie das nur und lockern Sie die Spannung in Kopf und Geist. Solche kritischen, hartherzigen Gedanken und Gefühle enthalten Abneigung. Abneigung ist jedoch das Gegenteil von liebender Güte. Liebende Güte und liebende Akzeptanz sind verschiedene Worte, die im Grunde dasselbe aussagen: Seien Sie freundlich zu sich selbst! Machen Sie die Übung zu einem unterhaltsamen Spiel, mit dem Sie Spaß haben können. Betrachten Sie sie nicht als Feind, mit dem Sie kämpfen müssen.

Wenn man die Spannung löst, lässt man Begehren und falsche Vorstellungen mit allen Gedanken, Empfindungen und Gefühlen los. So reinigt man seinen Geist und wird immer glücklicher und aufgerichteter. Während man still sitzt, können bestimmte Empfindungen im Körper auftreten, wie Juck-, Husten- oder Niesreiz, Hitze, Spannung oder Schmerz. Bitte bewegen Sie Ihren Körper trotzdem nicht. Wenn eine solche Empfindung auftritt, will der Geist sofort dorthin eilen. Man muss ihn gar nicht lenken, er geht von alleine dorthin. Als Erstes produziert der Geist Gedanken über die Empfindung:

- „Ich will, dass das vorbeigeht."
- „Ich wünsche, dass es aufhört, mich zu belästigen."

- „Ich hasse dieses Gefühl."
- „Warum verschwindet das nicht einfach?"
- „Ich will, dass es aufhört."

Geht man solchen Gedanken nach, wird die Empfindung nur stärker und intensiver. Es wird zu einem Notfall im Geist. Dann kann man es nicht mehr aushalten und muss sich bewegen. Die Anweisung lautet jedoch: Bewegen Sie Ihren Körper auf keinen Fall! Beobachten Sie stattdessen die Bewegungen des Geistes. Wir sollten uns öffnen und dem Gefühl erlauben, da zu sein. Nehmen Sie einfach zur Kenntnis, dass Ihr Geist zum Juck- oder Hustenreiz und so weiter abgewandert ist. Bemerken Sie die Gedanken zu dieser Empfindung. Lassen Sie nun diese Gedanken los und erlauben Sie ihnen, einfach nur da zu sein. Bemerken Sie als Nächstes die Verengung im Kopf / Geist und entspannen. Es ist für den Geist ganz natürlich, um jede Empfindung herum eine Art mentale Faust zu bilden. Diese straffe, mentale Faust ist Abneigung. Öffnen Sie sich und erlauben Sie dem Juckreiz oder der Emotion, einfach da zu sein. Erinnern Sie sich, dass es in Ordnung ist, wenn die Verengung nicht sofort verschwindet.

In der Meditation lernen wir, dass es eine Wahrheit des Augenblicks gibt, dass es aber darauf ankommt, was wir mit dieser Wahrheit, z. B. dem Jucken, machen. Dies bestimmt, ob wir unnötigerweise mehr leiden oder nicht. Dem Juckreiz Widerstand zu leisten und der Versuch ihn „wegzudenken", erzeugt nur mehr Schmerz. Öffnen Sie sich, entspannen und lächeln Sie, denn die liebende Güte ist eine Meditation des Lächelns. Lächeln Sie im Geist, lächeln Sie mit den Augen, lächeln Sie mit dem Mund und lächeln Sie mit dem Herzen. Je mehr wir lernen zu lächeln, desto glücklicher wird unser Geist.

Übung 30: Die Sekunden-Meditation

Meditieren kann man nicht nur, wenn man auf einem Stuhl oder einem Kissen sitzt, sondern ständig. Besonders im Alltag, wenn Sie sich gestresst fühlen, sich geärgert haben, nicht einschlafen können, eine innere Unruhe verspüren oder ein Problem sie quält. Versuchen Sie doch einmal die Liebende-Güte-Meditation zu üben, wann immer Sie sich daran erinnern.

Tragen Sie dazu den Silencer vorzugsweise als Armband, dann fällt Ihr Blick immer wieder zwangsläufig darauf und Sie werden erinnert. Wenn das nicht möglich ist, dann nehmen Sie die oben dargestellten Gefühle des Unwohlseins zum Anlass, die Silencer-Kette zu benutzen. Machen Sie sich vielleicht auch klar, dass wir uns über den Tag verteilt oftmals in einem Nebel von zufälligen und sinnlosen Gedanken befinden. Was macht Ihr Geist, wenn Sie vom Haus zum Auto oder vom Auto zum Arbeitsplatz gehen? Vielleicht denkt er unsinnige Sachen?

> Mögen alle Leidenden frei von Leiden sein.
>
> Mögen alle Angstgeplagten frei von Angst sein.
>
> Mögen alle Betrübten frei von Kummer sein.
>
> Mögen alle Wesen Erleichterung finden.
>
> *Bhante Vimalaramsi*

Versuchen Sie zu bemerken, was der Geist im gegenwärtigen Moment macht, und versuchen Sie die ablenkenden Gedanken loszulassen. Nehmen Sie dazu die Silencer-Kette einfach in die Hand und umschließen Sie sie mit der lockeren Faust. Lächeln Sie! Stellen Sie sich vor, Sie umschließen Liebe und Güte mit Ihrer Hand. Senden Sie der Person liebende Gedanken und Gefühle, die gerade neben Ihnen steht. Sie können dies auch an einen Freund, Ihren Partner oder an sich selbst senden. Sie können es auch an alle Wesen dieser Welt senden. Die Schlüsselbegriffe der Sekunden-Meditation sind: Liebe senden, Lächeln und den aufrichtigen Wunsch spüren. Versuchen Sie, das so oft wie möglich im Laufe eines Tages zu tun. Sie werden erstaunt sein, was geschieht.

Übung 31: Silencer®-Meditation

Die Silencer-Meditation ist eine Rezitations-Meditation und die Kette wird Sie unterstützen, „bei der Stange zu bleiben". Jeder, der ernsthaft versucht hat zu meditieren, konnte schon einmal feststellen, dass die Gedanken nicht so leicht zu steuern sind. Die Silencer-Kette soll die Konzentration verstärken, damit das nicht so leicht passiert.

Sie benötigen außerdem ein Mantra oder eine Affirmation als Meditationsobjekt. Wenn Sie dies festgelegt haben, sollten Sie im nächsten Schritt entscheiden, ob Sie die Sätze laut aussprechen (im Sinne einer Vocal-Meditation) oder eher leise als Gedanken verwenden möchten. Anschließend legen Sie eine Uhrzeit und einen Platz fest. Wäre es in Ordnung für Sie, jeden Morgen und jeden Abend zu meditieren? Möchten Sie den Raum abdunkeln und vielleicht Kerzen anzünden? Möchten Sie ein Räucherstäbchen oder eine Duftlampe verwenden? Haben Sie Ihre persönliche Sitzhaltung gefunden?

Wenn Sie diese Fragen für sich geklärt haben, kann es losgehen. Versuchen Sie Ihr Vorhaben drei Tage lang durchzuhalten, dann für weitere drei Tage und so weiter. Rechtshänder nehmen die Silencer-Kette in die rechte, Linkshänder in die linke Hand; halten Sie sie etwa auf Höhe des Herzens. Die andere Hand ruht mit der Innenfläche auf dem Unterschenkel (Lotossitz) oder auf dem Knie (Schneidersitz), wobei die Handinnenfläche ebenfalls nach oben zeigt und Daumen und Zeigefinger, wenn Sie möchten, ein „O" bilden. Legen Sie die Kette über den Mittelfinger, sodass sie herunterhängt. Die große Perle symbolisiert den Anfang und liegt dabei in der Innenseite der Hand. Halten Sie die Silencer-Kette mit Mittelfinger und Daumen, der Zeigefinger darf die Perlen nicht berühren. Schließen Sie die Augen und versuchen Sie bei der Übung möglichst keine Geräusche zu verursachen. Mit dem Daumen werden die einzelnen Perlen über den Mittelfinger geschoben, dabei wird jedes Mal das vorher festgelegte Mantra oder die betreffende Affirmation wiederholt. Sprechen Sie Ihr Mantra (z. B. Stille, Liebe, Frieden, Mut, Kraft) leise und atmen Sie durch die Nase. In Bezug auf eine Affirmation schauen Sie bei Bedarf in Ihre Aufzeichnungen. Wenn Sie bei der großen Perle angekommen sind, dann gehen Sie nicht weiter, sondern wenden und treten sozusagen den Rückweg an. Das Umdrehen ist ein wenig knifflig, da auch hier der Zeigefinger außen vor gelassen werden muss! Versuchen Sie auf jeden Fall, die Augen die ganze Zeit geschlossen zu halten, das schult die Achtsamkeit.

Diese Übung sollten Sie zu Beginn für zehn Minuten durchführen und sich dann schrittweise steigern. Nach oben sind zwar keine Grenzen gesetzt, aber wenn Sie 20–30 Minuten schaffen, ist das hervorragend, denn damit zählen Sie schon zu den Fortgeschrittenen. Mein persönlicher Tipp für die Kontrolle der Zeiten: Benutzen Sie die Countdown-Funktion Ihres Mobiltelefons und lassen Sie sich mit einem leisen und sanften akustischen Signal aus der Meditation holen.

Übung 32: Visualisierungsmeditation

Die folgende Meditation mit Ihrer Silencer-Kette beginnen Sie genauso wie in Übung 31 beschrieben. Nehmen Sie also Ihre Meditationshaltung ein und halten Sie die erste Perle mit Mittelfinger und Daumen. Bei der Berührung stellen Sie sich bitte vor, dass Sie eine goldene bzw. sonnenfarbene Lichtkugel durch Ihr linkes Nasenloch einatmen. Versuchen Sie eine positive Stimmung, die Sie mit dem Symbol der goldenen Sonne verbindet, herzustellen. Spüren Sie dort hinein und lassen Sie dieses Gefühl sich ausbreiten. Die Lichtkugel steigt durch Ihre Nase hoch, bis zu einer Stelle zwischen Ihren Augenbrauen und verbleibt dort für einen Moment, bis Sie das Gefühl haben, Sie müssten nun ausatmen. Atmen Sie die Sonnenkugel durch das rechte Nasenloch wieder aus, sodass eine Art Bogen entsteht. Bei der nächsten Perle drehen Sie den Bogen praktisch um und atmen durch das rechte Nasenloch ein, visualisieren die goldene Sonnenkugel, belassen sie einen Augenblick auf Ihrer Stirn, bevor Sie sie durch das linke Nasenloch wieder ausatmen. Dies wiederholen Sie bei jeder Perle, bis Sie einen Durchgang geschafft haben und bei der großen Perle angekommen sind.

Nehmen Sie nun die große Perle zwischen Daumen und Mittelfinger und atmen Sie langsam durch beide Nasenlöcher zwei Sonnenkugeln ein, die sich in der Mitte zwischen Ihren Augenbrauen treffen und verschmelzen. Lassen Sie die Kugel eine kleine Weile auf Ihrer Stirn verblassen und atmen Sie dann aus.

Der nächste Durchgang beginnt wieder mit einer goldenen Lichtkugel, die einen Bogen beschreibt. Sind Sie bei der großen Perle angelangt, visualisieren Sie zwei Sonnen usw.

Bei dieser Übung ist es wichtig, einen gleichmäßigen Atemrhythmus zu finden, der synchron mit den Visualisierungen abläuft. Außerdem wird der Geist sehr in Anspruch genommen, da er auch noch darauf achten muss, dass nach jedem Durchgang eine Ausnahme erfolgt. Das bringt Ruhe. Wenn Sie jedoch feststellen, dass der Geist trotz alledem wieder störende Gedanken produziert, nehmen Sie es gelassen hin und versuchen Sie die Visualisierungen zu verstärken. Für diese Übung empfehle ich 30 Minuten, aber auch hier sind nach oben keine Grenzen gesetzt. Schaffen Sie 60 oder gar 90 Minuten?

Übung 33: Meditation des Bittens

Die folgende Übung ist an die alte Tradition des Betens, der Bitte, angelehnt und ist hauptsächlich für diejenigen unter Ihnen gedacht, die einen Zugang zur Spiritualität haben. Ähnlich wie bei den Studien zu fernöstlichen Meditationstechniken hat man auch hier festgestellt, dass die Wirksamkeit des Bittens tatsächlich messbar ist. Gebete sind eine gute Therapie bei Bluthochdruck, Herzrhythmusstörungen, chronischen Schmerzen und leichten bis mittleren Depressionen. Der Forscher Dale Matthews von der University of Georgetown hat außerdem herausgefunden, dass Betende nach Operationen schneller gesund werden, ein stärkeres Immunsystem aufweisen und seelisch stabiler leben. Auch wenn viele Menschen im Alltag spirituellen Dingen eher skeptisch gegenüberstehen, so ist immer wieder zu beobachten, dass auch diese Menschen in Notsituationen beten, heilige Orte aufsuchen und z. B. Kerzen anzünden. Es scheint so zu sein, dass viele Menschen an eine höhere Macht glauben, ohne sich dessen immer bewusst zu sein. Meditationen des Bittens wenden sich an etwas „da draußen", eine Kraft, ein Feld, eine Intelligenz, ein transzendentes Wesen oder an etwas, was wir im Allgemeinen als Gott bezeichnen.

Gebete helfen, das konnte vielfach belegt werden, doch was genau sind Gebete? Diese Frage stellte sich auch Gregg Braden, Autor zahlreicher Bücher über Spiritualität und Technik. Dazu unternahm er im Jahr 1998 eine Pilgerfahrt durch die Klöster Zentraltibets. Er fragte einen Abt, was die Mönche täten, wenn sie beteten. Der Abt antwortete ihm: „Du kannst unsere Gebete nie wirklich sehen, weil ein Gebet nie gesehen werden kann. Was Du gesehen hast, ist nur das, was wir tun, um das Gefühl in unseren Körpern zu erzeugen. Fühlen ist Beten".

Fühlen ist Beten.

Gefühle scheinen die Sprache zu sein, die der Geist Gottes, wenn man es so bezeichnen möchte, versteht. Ähnlich argumentiert auch der Autor und Wissenschaftler Bruce H. Lipton über intelligente Zellen. Spiritualität und Gebete scheinen eine Sprache zu sprechen, die unser Körper versteht, und allmählich entdecken wir, was sich dahinter verbirgt und wie alles zusammenhängt. Ich möchte Ihnen im Folgenden eine christliche Gebetsweise vorstellen, die die innere Ruhe stark betont. Es ist das sogenannte *Centering Prayer*. Bei diesem Gebet der Sammlung wird ein heiliges Wort verwendet, um sich Gottes Gegenwart und Handeln bewusst zu werden. Dieses heilige Wort kann z. B. Jesus, Gott, Christus, Erlöser, Vater, Friede, Geist oder Liebe sein. Die Betenden setzen sich in der Regel mit geschlossenen Augen hin, um zu entspannen, sich zu sammeln und das heilige Wort auf sich wirken zu lassen. Das heißt im übertragenen Sinne das heilige Wort zu fühlen.

Studien von Johnson und Kollegen belegen, dass das *Centering Prayer* bei Frauen mit Krebserkrankungen und bei Stress hilft. Das Gebet der Sammlung sollte zweimal täglich für jeweils mindestens 20 Minuten praktiziert werden. Die Übung der Bitte findet in entspannter Haltung an einem ruhigen und möglichst abgedunkelten Ort statt. Zünden Sie eine Kerze an und platzieren Sie vielleicht einen bestimmten Gegenstand vor sich, der für Sie in diesem Zusammenhang Bedeutung hat. Es können natürlich auch mehrere Gegenstände sein. Die Gebetszeit sollte anfangs nicht weniger als zehn Minuten und nicht mehr als 20 Minuten morgens oder abends betragen. Dies kann, falls gewünscht, langsam gesteigert werden. Legen Sie im Vorfeld fest, um was Sie bitten möchten und formulieren Sie einen Satz dazu. Sie können den Satz mit: „Ich bitte Dich um …" beginnen, Sie können aber auch konkreter werden und eine direkte Anrede, z. B.: „Lieber Gott, ich bitte Dich um …" verwenden. Alles, was in diesem Zusammenhang mit Ihrem Glauben und Ihrer Spiritualität in Verbindung steht, hat hier seinen Platz. Verwenden Sie die Silencer-Kette als Gebetskette und gehen Sie mit Ihren Fingern bei jeder Bitte eine Perle ab. Versuchen Sie möglichst tief in Ihre Bitte „einzutauchen", Sie zu fühlen, dann haben Sie ganz sicher ein gutes Zeitmaß dafür, wie langsam oder wie schnell diese Meditation des Bittens auszuführen ist.

Übung 34: Frag-fünf-Mal-Übung

Manchmal scheinen die Dinge klar zu sein und dennoch liegt die wahre Ursache im Verborgenen. Ohne die wahre Ursache zu kennen, lassen sich jedoch Schwierigkeiten nicht langfristig auflösen. Die Frag-fünf-Mal-Übung geht auf Taiichi Ohno zurück, der mit diesem (und weiteren) Prinzipien sein Unternehmen an die Weltspitze geführt hast. Für Ohno war klar: „Finde die wahre Ursache, indem Du fünfmal ‚Warum?' fragst. Dann hast Du das Problem praktisch schon gelöst." Für unsere Übungen bedeutet es, dass wir zunächst einmal ein Problem benennen und dann fünf Frageperlen und fünf Antwortperlen mit den Fingern abgehen. Wiederholen Sie diese Abfolge von Fragen und Antworten fünfmal, also einen ganzen Durchgang lang, dann werden Sie Ihr Problem ganz sicher aus einer anderen Perspektive sehen! Gehen Sie folgendermaßen vor:

Problem: „Ich bin unglücklich in meinem Job und würde am liebsten kündigen."

Frage: „Warum bist Du unglücklich in Deinem Job und würdest am liebsten kündigen?"

Antwort: „Weil es mich nervt und ich unzufrieden bin."

Frage: „Warum nervt es Dich und warum bist Du unzufrieden?"

Antwort: „Weil mein Chef unsinnige Sachen von mir verlangt und ich in dieser Arbeit keinen Sinn sehe."

Frage: „Warum verlangt Dein Chef unsinnige Sachen von Dir?"

Antwort: „Weil er es nicht besser weiß."

Frage: „Warum weiß er es nicht besser?"

Antwort: „Weil ich ihm nie gesagt habe, was man besser machen könnte."

Frage: „Warum hast Du es ihm nie gesagt?"

Antwort: „Weil mir bisher nicht klar war, dass ich etwas sagen sollte."

Übung 35: SUD-Test

Der SUD-Test (Subjective Units of Disturbance) beschreibt Ihnen das Ausmaß Ihrer Belastungen auf einer Skala von 1 bis 10. 1 bedeutet keinerlei emotionale Belastung, während 10 die stärkste Belastung darstellt. Der SUD-Test ist eine subjektive Einschätzung Ihrer augenblicklichen Lage und wird beispielsweise in der energetischen Psychotherapie eingesetzt.

Bei den Silencer-Übungen ist es ratsam, diesen Test vor jeder Übung und nach jeder Übung zu machen, um sich selbst ein Bild von der Stärke der emotionalen Belastungen und der anschließenden Fortschritte zu machen. Fragen Sie sich also: „Wo würde ich auf einer Skala von 1 bis 10 meinen augenblicklichen Zustand verorten?"

Übung 36: Sucht

Diese Übung besteht aus zwei Einheiten, die Sie entweder allein oder in der Gruppe durchführen können. Der erste Übungsteil bezieht sich darauf, den Emotionen das Wunschziel zu zeigen, die negative Programmierung in Ihren Zellen zu ändern und Motivationsenergie zu erhalten. Das ist sehr wichtig, denn Sie sollten auf keinen Fall ständig daran denken, dass Sie beispielsweise Alkoholiker oder Raucher sind, wie es einige Programme empfehlen. Lassen Sie sich bitte nicht darauf reduzieren, denn dann identifizieren Sie sich mit genau dem Umstand, den Sie versuchen loszuwerden. Der zweite Teil dieser Übung zeigt Ihnen, wie Sie mithilfe der Silencer-Kette die innere Stimme, die Sie zum Suchtverhalten locken möchte, abfangen und zum Schweigen bringen. Auch das ist sehr wichtig, denn diese Stimme ist für Sie zunächst einmal ein Gedanke, bevor das Gefühl der Begierde aufkommt. Stoppen Sie diesen Gedanken und denken Sie einen anderen.

Tragen Sie Ihren Silencer als Armband und üben Sie, wann immer Ihr Blick auf die Perlen fällt und Sie gerade Zeit haben. Auf jeden Fall sollten Sie gegensteuern und Ihre Gedanken stoppen, wenn Sie beginnen, sich wegen Ihrer Sucht schlecht und minderwertig zu fühlen. Sie können gerne eine Perle anfassen oder auch nur liebevoll betrachten; bitte fühlen Sie sich so, als wären Sie nicht süchtig. Lassen Sie zu, dass dieses Gefühl sich in Ihnen ausbreitet und Sie werden unmittelbar feststellen, dass Ihre Gesichtsmuskulatur sich entspannt und Sie zu lächeln beginnen. Fühlen Sie sich einfach großartig und denken Sie beispielsweise: „Ich bin Nichtraucher." Übernehmen Sie

Verantwortung für Ihre Gedanken und Gefühle und erzeugen Sie in einem zweiten Schritt ganz bewusst Gegengedanken, wenn Ihre Zellerinnerungen Sie verführen wollen. Was sagen diese Stimmen?

- „Wie toll wäre es, jetzt eine Zigarette zu rauchen.“
- „Ich hatte einen stressigen Tag, jetzt muss ich …“
- „Aller Spaß und alle Freude ist vorbei. Ich vermisse es.“
- „Mein Leben ist nur noch grau.“
- „Nur noch einmal …, ab morgen werde ich verzichten.“

Ich bitte Sie nun auf einem Blatt zu notieren, was Sie motiviert, um Ihrer Sucht ein Ende zu bereiten. Es gibt ganz unterschiedliche Gründe, die von Mensch zu Mensch verschieden sind, beispielsweise Geld, Gesundheit, Familie und Selbsterhaltung. Warum möchten Sie nicht mehr süchtig sein?

Formulieren Sie daraus bitte eine Gegenstimme, die Sie immer dann aktivieren, wenn das Gefühl der Sucht aufsteigt. Es darf sich nicht ausbreiten, deshalb ist ein frühzeitiges Einschreiten mit einem Ritual sehr wichtig! Sie können anstelle vorgefertigter Sätze auch die Frag-fünf-Mal-Übung verwenden; diese Fragetechnik eignet sich besonders gut, um das Gefühl der Begierde zu beruhigen.

Übung 37: 10 Gebote der Gelassenheit

Die 10 Gebote der Gelassenheit werden Papst Johannes XXIII. zugeschrieben und eignen sich hervorragend, um Gelassenheit zu trainieren und als Lebensphilosophie fest zu verankern. Beim täglichen Üben haben Sie zwei Möglichkeiten, um die Perlen mit den Fingern abzugehen: Entweder behalten Sie bei jeder Perle die folgende Reihenfolge bei oder Sie wiederholen die einzelnen Gebote für einen ganzen Durchgang von 50 Perlen. Ob Sie die Sätze laut oder nur im Stillen aussprechen, spielt bei dieser Übung keine Rolle, wichtig ist nur, dass Sie das, was Sie sagen bzw. denken, auch fühlen. Nur dann nämlich tut es seine Wirkung. Üben Sie, wenn möglich, zwei- bis dreimal täglich.

1. Leben

Nur für heute werde ich mich bemühen, einfach den Tag zu erleben, ohne alle Probleme meines Lebens auf einmal lösen zu wollen.

2. Sorgfalt

Nur für heute werde ich größten Wert auf mein Auftreten legen und vornehm sein in meinem Verhalten. Ich werde niemanden kritisieren und nicht danach streben, die anderen zu korrigieren oder zu verbessern. Nur mich selbst.

3. Glück

Nur für heute werde ich in der Gewissheit glücklich sein, dass ich für das Glück geschaffen bin. Nicht nur für die andere, sondern auch für diese Welt.

4. Realismus

Nur für heute werde ich mich an die Umstände anpassen, ohne zu verlangen, dass die Umstände sich an meine Wünsche anpassen.

5. Lesen

Nur für heute werde ich zehn Minuten meiner Zeit einer guten Lektüre widmen. Wie die Nahrung für das Leben des Leibes notwendig ist, ist die gute Lektüre notwendig für das Leben der Seele.

6. Handeln

Nur für heute werde ich eine gute Tat vollbringen – und ich werde es niemandem erzählen.

7. Überwinden

Nur für heute werde ich etwas tun, wozu ich keine Lust habe. Sollte ich mich in meinen Gedanken beleidigt fühlen, werde ich dafür sorgen, dass niemand es merkt.

8. Planen

Nur für heute werde ich ein genaues Programm aufstellen. Vielleicht halte ich mich nicht genau daran, aber ich werde es aufsetzen. Und ich werde mich vor zwei Übeln hüten: vor der Hetze und vor der Unentschlossenheit.

9. Mut

Nur für heute werde ich keine Angst haben. Ganz besonders werde ich keine Angst haben, und mich an allem freuen, was schön ist. Und ich werde an die Güte glauben.

> Nimm Dir nicht zu viel vor. Es genügt, die friedliche, ruhige Suche nach dem Guten an jedem Tag zu jeder Stunde und ohne Übertreibung und mit Geduld.
> *St. Ottilien*

10. Vertrauen

Nur für heute werde ich fest daran glauben, selbst wenn die Umstände das Gegenteil zeigen sollten, dass die gütige Vorsehung Gottes sich um mich kümmert, als gäbe es sonst niemanden auf der Welt.

Übung 38: Muskelentspannung

Diese Übung lehnt sich an die Progressive Muskelentspannung nach Edmund Jacobson an, dessen Überzeugung es war, dass es wahrscheinlich kein allgemeineres Heilmittel als die Ruhe gibt. Entspannung lässt sich sehr gut nachempfinden, wenn man das Gegenteil, die Anspannung, erfährt. So besteht diese Übungen darin, dass wir abwechselnd einzelne Muskelgruppen für ein bis zwei Minuten anspannen und anschließend für die Dauer von drei Minuten entspannen.

Nehmen Sie bitte auf einem Stuhl Platz und setzen Sie sich möglichst gerade hin. Benutzen Sie Ihren Silencer als Zeitmesser entweder mit der rechten oder mit der linken Hand. Beginnen Sie nun

Ihre Zehen anzuspannen, indem Sie sie nach innen rollen. Halten Sie diese Spannung während zwei Durchgängen mit der Silencer-Kette. Jetzt dürfen Sie entspannen und in dieses Gefühl hineinspüren. Versuchen Sie dies etwa drei Minuten lang zu machen, ohne die Perlen durch die Finger gleiten zu lassen, denn alles soll sich entspannen. Anschließend ziehen Sie den Fuß nach oben zum Schienbein und halten diese Spannung wieder für zwei Durchgänge aufrecht, ehe Sie in die Entspannungsphase gehen. Dann strecken Sie das rechte Bein, dann das linke, heben den rechten Oberschenkel, dann den linken, ziehen Sie den Bauch ein und arbeiten sich über die Arme zum Nacken- und Kopfbereich vor. Wenn Sie Ihre Übung beendet haben, sind Sie deutlich entspannter und haben gleichzeitig etwas für Ihren Muskelapparat und für Ihre Widerstandskraft getan. Führen Sie diese Übung einmal täglich durch.

Übung 39: Das Leben ist bunt

Keine Lust, kein „Bock" – fehlt Ihnen der „Drive"? Machen Sie Ihr Leben ein wenig bunter mit der folgenden Übung, die Ihnen die nötige Energie gibt, um in Schwung zu kommen. Dazu bitte ich Sie nun, folgende Fragen zu beantworten und aufzuschreiben.

Welche Tätigkeit raubt Ihnen den letzten Nerv?

. . . .

Wie oft müssen Sie diese Tätigkeit ausführen?

. . . .

Wenn Sie daran denken, welche Farbe das das Ganze?

. . . .

Gab es schon Situationen, in den Sie diese Tätigkeit als nicht ganz so schlimm empfunden haben?

. . . .

Können Sie im Geiste etwas verändern, um es für Sie attraktiver zu machen?

. . . .

Wie fühlen Sie sich, wenn Sie es geschafft haben und sich überwinden konnten?

. . . .

Wenn Sie an dieses positive Gefühl denken, welche Farbe hat das Ganze?

. . . .

Wenn Sie alle Fragen beantwortet haben, dann wissen Sie nun, welche Farbe Ihre ungeliebte Tätigkeit hat und welche Farbe mit Freude und Schwung verbunden ist. Sie wissen außerdem, welche Situationen (vergangene, künftige, fiktive) Sie sich im Geiste vorstellen können, um motivierter zu sein. Ihr Dilemma ist nämlich kein Problem des Verstandes, sondern des Gefühls – und wir sollten auf jeden Fall vermeiden, dass das Unlust-Gefühl sich ausbreiten kann, seine negativen Botenstoffe in unser Gehirn und unseren Körper leitet und uns vollends lähmt. Steuern Sie gezielt dagegen, das ist der Trick! Nehmen Sie Ihre Silencer-Kette und setzen Sie sich aufrecht auf einen Stuhl. Ihr Rücken sollte gerade sein und Sie sollten aufrecht mit einem leicht erhöhten Kinn sitzen. Stellen Sie Ihre Füße zusammen, sie berühren mit der ganzen Sohle den Boden. Nehmen Sie Ihre Perlenkette in beide Hände vor sich auf den Schoß, wie in Übung 5 beschrieben (vgl. S. 96), und atmen Sie eine Wolke Ihrer positiven

Zielfarbe für etwa vier Sekunden in den Bauch ein. Stellen Sie sich dabei vor, Sie tanken Energie für Ihre kommende Tätigkeit. Gehen Sie nun zur nächsten Perle über und atmen Sie für etwa vier Sekunden eine Wolke Ihrer negativen „Null-Bock-Farbe" aus, indem Sie Ihre ungeliebte und lästige Tätigkeit einfach auf diesem Wege loswerden. Die nächste Perle beginnt dann wieder mit der Bauchatmung der positiven Farbwolke usw. Üben Sie einen ganzen Durchgang lang, also 25 Mal ein- und 25 Mal ausatmen, dann werden Sie einen deutlichen Motivationsschub spüren.

Übung 40: Sinn-Finden

Der Einstieg in das Sinn-Finden beginnt mit der Entwicklung eigener persönlicher Rituale für Besinnung, Gebet und geistige Übungen. Nehmen Sie sich einmal am Tag für mindestens eine halbe Stunde Zeit, um nachzudenken. Bei dieser Übung geht es nicht darum, die Gedanken anzuhalten oder zu stoppen, sondern vielmehr auf ein Thema zu konzentrieren. Haben Sie für sich selbst den Rahmen Ihrer Übungen festgelegt? Ort, Zeit, Umgebung und Rahmen entsprechen Ihren Vorstellungen? Dann kann es losgehen! Gehen Sie Ihre Perlenkette mit den Fingern ab, indem Sie über die folgenden Lebensbedeutungen nachdenken. So können Sie allmählich herausfinden, ob diese Bereiche bisher für Sie bedeutsam waren und wenn nicht, wie Sie diese Ressourcen nutzen können.

– Ehrenamtliches Engagement in sozialen oder politischen Projekten

– Begegnungen mit der Natur (Spaziergänge, Wanderungen, Urlaub in der Natur)

– Gesundheitsbewusste Ernährung (Informationen zu Nährwerten einholen, mit neuen gesundheitsfördernden Nahrungsmitteln und Gerichten experimentieren usw.)

– Sport oder Fitnesstraining betreiben

- Ziele bewusst machen und an ihrer Umsetzung arbeiten

- Tagebuch über positive Erlebnisse und Erfolge führen

- Krisen im Hinblick darauf durchleuchten, was man durch sie lernen kann

- Erfahrungen künstlerisch verarbeiten (malen, töpfern, musizieren, schreiben usw.)

- Auf Herausforderungen einlassen, neue Aufgabengebiete oder Beschäftigungen suchen

- Berufliche oder persönliche Weiterentwicklung durch Erlernen neuer Fertigkeiten

- Verantwortung in Beruf oder Freizeit übernehmen (Wissen und Erfahrungen weitergeben, Gruppen, Projekte oder Seminare organisieren)

- Intensive Beschäftigung mit Sachthemen, die Sie schon immer interessiert haben (Recherchieren in Büchereien, im Internet, den Dialog mit anderen Interessierten suchen)

- Zeit für Wellness (Badewanne, Sauna, Massage)

- Bewusst genießen (Zeit nehmen für Genuss, Genießen planen)

- Bewusste Wahrnehmung des Selbst und der Umwelt

- Entwicklung von Übergangsritualen (morgens, abends, von der Arbeit in den Feierabend, Geburtstage, Jahreswende)

- Harmonische Gestaltung von Begegnungen (genügend Zeit, positive Atmosphäre durch Raumgestaltung, Gerüche, Blumen, Eingehen auf Stimmungen, die man bei sich selbst oder anderen wahrnimmt)

- Zeit für Liebe und Romantik (gegenseitige Überraschungen, Geschenke, Wachrufen und Erinnern gemeinsamer schöner Erlebnisse, Partnerschaftsrituale entwickeln)

- Pflegen und Feiern von Freundschaften (regelmäßige Treffen mit besonderer Gestaltung, Zeit füreinander nehmen trotz terminlicher Belastungen, Wertschätzung ausdrücken durch Überraschungen oder kleine Geschenke, Gemeinschaftsrituale entwickeln)

- Fürsorge ausdrücken (mit echtem Interesse nach dem Wohlergehen anderer fragen, Zeit zum Zuhören nehmen, zupacken und beistehen in praktischen Dingen)

- Den eigenen Humor wieder entdecken, lachen

- Wertschätzung und Beachtung von Traditionen (bewusst machen, wofür Traditionen stehen, welche Vorteile sie haben, warum sie für mein Leben wichtig sind)

- Orientierung an Werten, die man als zentral erachtet (Klarheit suchen darüber, nach welchen Werten man sein Leben ausrichten will; konsequent und wertorientiert handeln)

- Disziplin und Konzentration bei der Bewältigung von Aufgaben

- Sorgfältiges Planen von umfassenderen Vorhaben

- Abwägen von Vorteilen und Nachteilen vor Entscheidungen

Über die Autorin

Birgit Trappmann-Korr studierte soziale Verhaltenswissenschaften (Psychologie), Politikwissenschaft, Jura und Philosophie. Sie führt eine eigene Beratungspraxis in Rheinberg am Niederrhein, ist verheiratet und Mutter von drei Kindern. Zu Ihrem Haushalt gehört noch Therapieassistentin Susi, ein liebenswerter Mix aus Jack Russel und Border Collie.

Die Autorin gilt als Expertin für das Themengebiet Hochbegabung und Hochsensitivität und hat als Frau der ersten Stunde ein umfangreiches Netzwerk zum Thema. Sie ist Autorin und Dozentin und war bisher Gast in verschiedenen Fernsehformaten. Sie begründete das Label Counselor's Corner®, unter der ihre verschiedenen Tätigkeiten im Bereich der Aus- und Weiterbildung zusammengefasst werden.

Birgit Trappmann-Korr ist Gründerin und Vorsitzende des Verbandes pro Sensitivität und Empathie im Beruf e. V. (VSEB e.V.), der sich für mehr Sensitivität und Empathie in der und für die Arbeitswelt einsetzt.

Literatur

Antonov, Asimov: *Salutogenese: Zur Entmystifizierung der Gesundheit,* Tübingen: Dgvt-Verlag, 1997

Begley, Sharon: *Neue Gedanken Neues Gehirn,* München: Goldmann Arkana, 2010

Berking, Matthias: *Training emotionaler Kompetenzen,* Berlin Heidelberg: Springer Verlag, 2010

Bösch, Jakob: *Spirituelles Heilen und Schulmedizin,* Baden: AT Verlag, 2007

Braden, Gregg: *Verlorene Geheimnisse des Betens,* EchnAton-Verlag Diana Schulze e.K., 2012

Childre, Doc & Martin, Howard: *Die HerzIntelligenz-Methode,* Kirchzarten: VAK-Verlag, 2012

Eschenröder, Christof T. & Wilhelm-Gößling, Claudia (Hrsg.): *Energetische Psychotherapie – integrativ,* Tübingen: Dgvt-Verlag, 2006

Fredrickson, Barbara I.: *Die Macht der guten Gefühle,* Frankfurt am Main: Campus Verlag, 2011

Goleman, Daniel: *Die heilende Kraft der Gefühle,* München: DTV Verlag, 2000

Johnson, Mary E.; Dose, Ann M.; Britt Pipe, Teri; Petersen, Wesley O.; Huschka, Mashele; Gallenberg, Mary M.; Peethambaram, Prema; Sloan, Jeff & Frost, Marlene H. (2009). *Centering prayer for women receiving chemotherapy for recurrent ovarian cancer: A pilot study.* In: Oncology Nursing Forum. 36, Nr. 4, S. 421–428.

Kabat-Zinn, Jon: *Gesund durch Meditation,* München: MenSana, 2011

Kok, B.E., Coffey, K.A., Cohn, M.A., Catalino, L.I., Vacharkulksem-suk, T., Algoe, S., Brantley, M. & Fredrickson, B. L. (in press). *How positive emotions build physical health: Perceived positive social connections account for the upward spiral between positive emotions and vagal tone.* Psychological Science.

Kok, B.E., Waugh, C.E. & Fredrickson, B.L. (in press). *Meditation and health: The search for mechanisms of action.* Social and Personality Psychology Compass.

Kok, B.E. (in press). *The science of subjective experience: Positive emotions and social closeness influence autonomic functioning.* In: T. Singer & M. Bolz (Eds.), Compassion: Bridging Practice and Science.

Lipton, Bruce H.: *Intelligente Zellen,* Burgrain: KOHA-Verlag GmbH, 2010

Marx, Susanne: *Das große Buch der Affirmationen,* Kirchzarten: VAK Verlags GmbH, 2009

Petermann, Franz & Vaitl, Dieter: *Entspannungsverfahren.* Weinheim: Beltz Verlag, 2009

Rhein, Glen und McCraty, Rollin (1993). *Modulation of D.N.A. by Coherent Heart Frequencies.* Protokoll der Third Annual Conference of the International Society for the Study of Subtle Energies and Energy Medicine, S. 2.

Rhein, Glen, Atkinson, Mike & McCraty, Rollin (1995). *The Physiological and Psychological Effects of Compassion and Anger.* Journal of Advancement in Medicine 8, Nr. 2, S. 87–103.

Seligman, Martin: *Flourish.* München: Kösel-Verlag, 2011

Trappmann, Birgit: *Hochsensitiv: Einfach anders und trotzdem ganz normal,*. Kirchzarten: VAK-Verlags GmbH, 2010

Vimalaramsi, Bhante: *Kurze Anleitung zur Liebenden-Güte-Meditation, unter:* http://www.dhammasukha.org/Study/Books/Pdf/metta-ger-2006.pdf

Warnke, Ulrich: *Quantenphilosophie und Spiritualität,* Berlin, München: Scorpio Verlag, 2011

Wolf, Doris & Merkle, Rolf: *Gefühle verstehen Probleme bewältigen.* Mannheim: PAL Verlagsgesellschaft, 2012

http://de.wikipedia.org/wiki/Herzfrequenzvariabilit%C3%A4t#HRV_in_Stressmedizin_und_Psychophysiologie

http://de.wikipedia.org/wiki/Stress

Nützliche Adressen

www.silencer-online.com

www.counselors-corner.de

www.sinnforschung.org

www.emoflex.de

www.das-heilende-bewusstsein.de

www.hochsensibel.org

www.humorhilftheilen.de

www.mindandlife.org

www.herzintelligenz.de

Birgit Trappmann-Korr:

Hochsensitiv:
Einfach anders und trotzdem ganz normal
Leben zwischen Hochbegabung und Reizüberflutung

Leseprobe: www.vakverlag.de

Hochsensitive Menschen nehmen sich und ihre Umwelt, aber auch Stimmungen übermäßig intensiv und detailliert wahr – und leiden oft unter den Folgen. Dabei ist Hochsensitivität eine besondere Begabung und von Vorteil – wenn man lernt, das positive Potenzial zu nutzen. Dieses Buch beleuchtet alle Aspekte der Hochsensitivität. Es erklärt die Hintergründe und wie es sich mit dieser ausgeprägten Empfindsamkeit unbeschwert und erfolgreich leben lässt. Das Standardwerk für alle Betroffenen, Berater und Therapeuten und alle, die mit hochsensitiven Kindern oder Erwachsenen leben.
320 Seiten, Paperback (15 x 21,5 cm)
ISBN 978-3-86731-060-4

Frank Kinslow:

Quantenheilung
Wirkt sofort – und jeder kann es lernen

Leseprobe: www.vakverlag.de

Das Neue Denken hat in den letzten Jahren das Bewusstsein vieler Menschen für alternative Behandlungsmethoden geöffnet. Quantenheilung ist die neueste Entwicklung auf diesem Gebiet: Sie arbeitet mit sanfter Berührung und versetzt das vegetative Nervensystem spontan und sofort in den Zustand, in dem tiefe Heilprozesse stattfinden. Das Nervensystem schaltet unmittelbar auf Heilung um – und kann all das reorganisieren, was nicht optimal funktioniert. Sie können diese einfache Selbsthilfemethode sehr schnell und ohne jegliche Vorkenntnisse lernen und anwenden.

144 Seiten, 5 Abbildungen, Paperback (13 x 20,5 cm)
ISBN 978-3-86731-039-0

Andrew Matthews:

So geht's dir gut
Leseprobe: www.vakverlag.de

Dieses Buch handelt davon, …
… warum Sie immer nur Ihre besten Kleider mit Spaghetti bolognese bekleckern;
… warum Ampeln gerade dann eine ganze Ewigkeit auf Rot stehen, wenn Sie – bereits verspätet – zu einer Verabredung unterwegs sind;
… warum manche Leute immer zur rechten Zeit am richtigen Ort zu sein scheinen – und wie Sie dazugehören können.
Der Autor zeigt auf ebenso geistvolle wie amüsante Weise, wie Sie sich selbst verstehen, über sich selbst lachen, sich selbst vergeben und damit erfolgreicher und glücklicher werden können.

137 Seiten, 70 Illustr. des Autors, Paperback (18 x 24,5 cm),
ISBN 978-3-924077-32-7

Abbonnieren Sie unseren Newsletter (gratis) unter: www.vakverlag.de

Dr. Susanne Marx:

Mein Taschencoach

Die 15 besten Selbsthilfemethoden
von Atemberuhigung bis Quantenheilung

Leseprobe: www.vakverlag.de

Dieses kompakte Nachschlagewerk bietet Soforthilfe im praktischen Pocket-Format und einen Überblick über die Top 15 der besten Selbsthilfetechniken. So gelingt es Ihnen, aus dem oft verwirrenden Angebot an Selbsthilfetechniken genau die Methode auszuwählen, die für Sie am besten geeignet ist. In diesem kleinen Ratgeber werden zudem erstmals die bewährtesten Methoden aus westlichen und östlichen Traditionen aufgeführt. Sie sind leicht anzuwenden, äußerst effektiv und helfen sofort.

128 Seiten, Flexocover (10 x 15,5 cm)
ISBN 978-3-86731-052-9

Dr. Susanne Marx:

Herzintelligenz® kompakt

Gesund und gelassen, klar und kreativ

Leseprobe: www.vakverlag.de

Das leicht erlernbare Übungsprogramm aktiviert Ihre Herzintelligenz im Handumdrehen und macht sie im Alltag praktisch nutzbar. Die Methode baut Angst, Sorgen und Stress ab, hilft bei Erschöpfung und Schlaflosigkeit, senkt Bluthochdruck und stabilisiert Ihren Herzrhythmus. Sie erleichtert die Entscheidungsfindung, steigert Ihre Kreativität und Produktivität und verbessert Ihre Kommunikation. Der kompakte Ratgeber im Taschenformat präsentiert die Grundzüge der wissenschaftlich fundierten Herz-Intelligenz®-Methode auf einen Blick.

112 Seiten, Flexocover (10 x 15,5 cm)
ISBN 978-3-86731-063-5

Hochwertige Silencer®-Ketten

aus Natursteinen erhalten Sie bei VAK unter:
www.vakverlag.de

Wiederverkäufer wenden sich bitte an:
www.silencer-online.com

Folgende Ausführungen sind u.a. erhältlich: **Pfirsich-Aventurin, Jaspis, Rosenquarz, Karneol, Amethyst**.

Bestellen Sie unsere kostenlosen Kataloge unter: www.vakverlag.de